Leseratten Verlag
präsentiert

Backnang Stories 2015

Die 21 besten Geschichten
des Schreibwettbewerbes
aus dem Jahr 2015

Marc Hamacher (Hrsg.)

Backnang Stories 2015
ISBN 978-3-945230-11-4
1. Auflage, Backnang 2015

Alle Rechte und Pflichten der jeweiligen Erzählung liegen beim Autor.

Bild: Tanja Hamacher
Cover: Marc Hamacher
Satz und Layout: Tanja und Marc Hamacher
Lektorat: Carina Bein, Marc Hamacher
Druck: Winterwork, Borsdorf
Herausgeber: Marc Hamacher

© 2015, Leseratten Verlag, Backnang

www.leserattenverlag.de

Inhalt

Grußwort von Marianne Engelhardt, Leiterin
der Stadtbücherei in Backnang   5

Vorwort   7

Danksagung   8

Tabea Ebinger
    Neuer Anfang, neues Glück   9
Monika Grabke
    Schutzengel   20
Natalia Grabke
    Freitagskinder   31
Marina Heidrich
    Die perfekte Tarnung   41
    Die Bahn-Romanze   47
Johanna Herberts
    Spurlos verschwunden   52
Silke Kassner
    Seele in Trümmern   58
Salome Kößner
    Warum Du?   70

Tanja Kummer
    Backnangs Superheld   83
Claudia Müller
    Silbriges Licht   94
Nina Müller
    Die maskierte Gang   106
Sebastian von Nagaroon
    Das Schwert Ulfric   109
Patricia Rieger
    Ein Fall für Barny Schäfer   118
    Ein alter Bekannter   128
Sabine Stähler
    Fehler   137
Heidrun Szillus
    Mein 406. Geburtstag   147
Peter Thanheiser
    Der Gegenkandidat   155
Annika Vetter
    Ein anderer Sommer   167
Tamara Weidner
    Das Goldene Herz   173
Lara Wingenfeld
    Gefahr im Wald   178
    Sportliche Diebe   184

Grußwort von Marianne Engelhadt, Leiterin der Stadtbücherei in Backnang

Liebe Leserinnen und Leser,

vor zwei Jahren hörte ich zum ersten Mal davon: Eine Anthologie-Reihe mit Kurzgeschichten über Backnang sollte entstehen. Marc Hamacher und Tanja Kummer vom Leseratten-Verlag legten ein ausgefeiltes Konzept vor.

Ich war ganz spontan begeistert von der Idee, durch einen Schreibwettbewerb junge oder jung gebliebene Nachwuchs- oder Hobby-Autoren zu finden, die ein Herz für Kurzgeschichten haben. Das literarische Genre war nicht vorgegeben. Ob heiter oder ernst, ob Historisches oder Science-Fiction, nur Gedichte sollten es nicht sein. Die einzige Bedingung, die Geschichte musste in Backnang spielen und die TeilnehmerInnen mussten aus Backnang und Umgebung stammen oder hier leben. Die besten Geschichten sollten in einem Buch veröffentlicht werden.

Die Ausschreibung erfolgte und nach der ersten Begeisterung und der Ausschreibung fragt man sich natürlich, wie wird die Idee aufgenommen? Gibt es genügend AutorInnen, die es sich zutrauen, an einem solchen Schreibwettbewerb teilzunehmen? Welche Qualität erreichen die Geschichten, die eingereicht werden? Sind sie es wert ausgezeichnet und sogar gedruckt zu werden?

Ja; das waren sie. Die Resonanz war schlichtweg überwältigend. Die Kurzgeschichten erreichten ein unerwartet hohes Niveau. Wer jemals Geschichten von Jeffrey Archer, Henry Slesar und Ernst W. Heine gerne gelesen hat, konnte sich auch über diese Geschichten freuen. Sie mussten sich wahrlich nicht verstecken. Das Buch mit den besten Geschichten wurde gedruckt und in der Stadtbücherei Backnang durften einige Gewinner des Schreibwettbewerbes aus ihren Werken lesen.

Dieser Abend war ein ganz besonderer: Einfühlsam moderiert durch Marc Hamacher, der den zum Teil doch recht jungen Teilnehmern sofort die Scheu nahm. Die Begeisterung der Zuhörer kannte keine Grenzen und die Vorleser bekamen ihren verdienten Beifall. Lara Wingenfeld nahm ihre Zuhörerschaft auf „eine geheimnisvolle Reise". Monika Grabke und Lisa-Marie Grimmer lasen aus ihren Backnang-Krimis. Marina Heidrich entführte uns mit einer Mischung aus Historie und Mystery in die Backnanger Vergangenheit um die Kirche Sankt Michael. Alle waren sie mehr als preiswürdig.

Ich freue mich schon jetzt auf die neuen Geschichten der „Backnang Stories" und wünsche diesem entzückenden Büchlein noch viele, viele Fortsetzungen.

Marianne Engelhardt
Stadtbücherei Backnang

Vorwort

Nun ist es ziemlich genau ein Jahr her, dass die »Backnang Stories 2014« erschienen sind und für ein »erstes Mal« sind der Verlag, die Autoren und viele Leser sehr zufrieden mit dem, was geliefert wurde. Schnell war klar, dass wir mit dem Projekt in eine weitere Runde gehen würden.

Bis zum Einsendeschluss des Schreibwettbewerbs erreichten uns nicht nur Geschichten von alten Autoren aus dem ersten Teil, es haben sich auch neue Autoren getraut.

So hatte die Jury wieder einen bunten Strauss an Geschichten zu bewerten. Die besten dieser Geschichten halten Sie nun in ihren Händen. Wieder ist es eine Mischung aus phantastischen Erzählungen, Krimis, Humoristisches, aber auch nachdenkliche Themen haben den Weg ins Buch gefunden.

Viele Details zu den »Backnang Stories« stehen ja schon im Vorwort der ersten Ausgabe. Deswegen will ich Sie gar nicht zu sehr damit langweilen.

Auch 2016 wird es wieder einen Wettbewerb geben. Geschichten können ab sofort bis zum 1. Mai 2016 beim Verlag eingereicht werden. Für das kommende Jahr haben wir uns ein Spezialthema ausgedacht: Weihnachten!

Schreiben Sie uns eine Weihnachtsgeschichte, die in Backnang spielt. Auch das kann wieder ein kleiner Krimi sein, oder ein Märchen, eine Satire oder gar ein Weihnachtsfest in ferner Zukunft. Seien Sie also auch als Autor dabei, wenn es 2016 in eine Weihnachtsrunde geht!

Ansonsten wünsche ich Ihnen erst einmal viel Vergnügen beim Lesen der »Backnang Stories 2015«. Und vergessen Sie nicht, eine unserer Lesungen zu besuchen.

Marc Hamacher
Leseratten Verlag

Danksagung

Der erste Dank geht an die Autorinnen und Autoren, die bei dieser Ausgabe der »Backnang Stories 2015« mitgemacht haben. Gratulation, wenn die Geschichte es ins Buch geschafft hat, aber auch ein »Kopf Hoch« an diejenigen, die diesmal nicht aufgenommen wurden. Ihr habt jetzt schon die Gelegenheit auf eine neue Chance.

Dann will ich mich bei der Jury bedanken, welche die Geschichten alle gelesen und dann bewertet hat. Dies waren diesmal Cornelia Floeth, Jürgen Nabel, Pia Newman, Karin Riefert und Stephan Wonczak.

Unser Dank gilt auch den Sponsoren für die Spende der Sachpreise: Buchhandlung Kreutzmann, Lars Schürer vom Tafelhaus, das Hofgut Hagenbach, die Parfümerie Dorn, dem Schwarzmarkt, dem Wonnemar und dem Universum Kino.

Danke an Frau Engelhardt von der Stadtbücherei für das nette Grußwort.

Der größte Dank geht aber an alle Leser des ersten Buches, denn der Zuspruch nicht nur beim Verkaufstand, sondern auch bei den Lesungen hat uns Mut gemacht, das Projekt weiter fortzusetzen.

Buchhandlung Kreutzmann Backnang

Tabea Ebinger

Tabea Ebinger ist in der Nähe von Backnang aufgewachsen.
Falls jemand von ihnen vor ein paar Jahren in Backnang auf ein Kind getroffen ist, welches unbedingt zur „Gummibärcheneisdiele" gehen wollte, dann war das vermutlich Tabea Ebinger.
Derzeit geht sie am Max-Born-Gymnasium zur Schule. Sie liebt Musik und spielt Querflöte. Außerdem liest sie sehr gerne und natürlich schreibt sie Geschichten.

Neuer Anfang, neues Glück

»Mama?«

Sarah spürte, wie zwei kleine Hände an ihrem Hosenbein zogen und ein kleiner Körper sich an sie schmiegte. Überrascht blickte sie hinunter in das verschmierte Gesicht eines braun gelockten Jungen und sah zu, wie er feststellte, dass es das falsche Hosenbein gewesen war. Er hüpfte weiter zu einer Frau mit der gleichen Haarfarbe, die gestresst wirkte und versuchte, ein schreiendes Baby im Kinderwagen zu beruhigen.

Warum? Warum ich?, schoss es ihr zum hundertsten Mal durch den Kopf. Nie würde solch ein kleines Gesicht seine Rotznase an ihrer Hose abputzen und sie Mama nennen.

Schnell wandte sie sich ab und wischte die Tränen aus dem Augenwinkel.

Sie versuchte, sich auf das, was sie gerade tat, zu konzentrieren, um all die Gedanken zu verdrängen.

Sie zog eine Tafel ihrer Lieblingsschokolade aus dem Regal, griff wahllos nach einer Packung Früchtetee und ging zur Kasse.

Als der Betrag erschien, musste sie schlucken: 47,42 Euro. Dabei hatte sie weder ihr Lieblingsparfum noch den neuen Nagellack aus der Werbung gekauft, und auch beim Shampoo hatte sie zum Billigimitat gegriffen. Wenn man kaum Geld hatte, machte das Einkaufen keinen Spaß. Und Sarah war eigentlich immer knapp bei Kasse, seit sie umgezogen war.

Mit schlurfenden Schritten verließ sie die Müller-Filiale. Ihr Blick fiel auf den Rohbau gegenüber und sie fragte sich, wie lange der Baulärm und der ganze Staub in der Luft der Innenstadt wohl noch andauern würden.

Sie folgte der Straße nach rechts, da sie noch in die Bäckerei wollte, um ein neues Brot zu kaufen.

Als sie am Schaufenster des flippigen Modegeschäfts „Ananas" vorbeikam, entdeckte sie ein hübsches ärmelloses Kleid. Oben war es hellblau und der Ausschnitt fiel in Falten. Der Rock aus einem seidigen Stoff reichte bis übers Knie. Er war in einem dunkleren Blau gehalten und mit weißen Blümchen bedruckt. Sarah blieb stehen, um das Kleid zu bewundern. Doch ihre Augen suchten automatisch nach dem Preisschild und sie wandte sich schnell ab: 178 Euro. Wenn ihr das Geld nicht einmal zum Alltäglichen reichte, wie konnte sie sich einbilden, sich etwas Besonderes leisten zu können? Sie bog nach links in die nächste Querstraße ab und betrat die Bäckerei Mildenberger, die mit einer goldenen Brezel gekennzeichnet war. Die Verkäuferin grüßte sie freundlich. Sarah gehörte zu den Stammkunden, seit sie nach Backnang gezogen war.

»Was darf's denn heute sein? Ich kann ihnen unser Vier-Korn-Krusti empfehlen, es ist noch ganz frisch und das Angebot des Tages.«

»Das hört sich gut an«, antwortete Sarah und versuchte, ein Lächeln aufzusetzen.

»Geschnitten wie immer?«

»Ja, bitte.«

»Und was macht die Arbeit?«

»Es geht. Es ist in letzter Zeit immer viel los. Alle wollen jetzt Sandalen kaufen, wo doch der Sommer kommt.«

Es war Samstagnachmittag. Glücklicherweise musste Sarah da nicht arbeiten. Eigentlich tat sie ihre Arbeit ja gern. Zumindest war das früher so gewesen. Sie war gelernte Schuhfachverkäuferin und mochte die vielen unterschiedlichen Menschen, denen sie bei ihrer Arbeit begegnete. Es brachte Abwechslung, einmal eine 17-Jährige bei der Auswahl von preiswerten und vor allem modischen High Heels für die nächste Party zu beraten und dann wieder für einen Senioren altbewährte Lederschuhe mit Tragekomfort zu finden.

Nun lebte und arbeitete sie schon fast ein Jahr in Backnang. Sie hatte dringend einen Tapetenwechsel gebraucht. Doch vergessen konnte sie es dadurch nicht. Es hatte sich ja nichts daran geändert. Nie, nie, NIE würde sie ein Kind bekommen.

Sie überquerte die Straße, um in der Bank noch schnell ihren Kontostand zu überprüfen. Nachdem sie auf den Türöffner gedrückt hatte, betrat sie den Vorraum und wartete, bis ein Automat frei wurde. Nach ihr trat ein Mann mittleren Alters in die Bankfiliale. An seiner Hand hielt er einen etwa fünfjährigen Jungen, der aufgeregt auf und ab hüpfte.

»Du, Papa, krieg ich nachher noch ein Eis?«, fragte der Kleine und blickte mit seinen unschuldigen Kinderaugen zu seinem Vater hinauf.

»Mal sehen. Wenn wir uns mit Mama und Oma wieder treffen, können wir sie fragen, ob sie auch ein Eis möchten.«

»Au ja! Ich will das blaue Schlumpfeis. Und wir müssen in die Gummibärcheneisdiele gehen! Das ist die beim Müller und beim Dönerladen«, plapperte er weiter.

»Gummibärcheneisdiele?«, fragte sein Vater.

»Ja, Papa. Da kriegen die Kinder noch ein Gummibärchen auf ihr Eis. Und wenn man Geburtstag hat, dann sogar zwei. Da war ich nämlich, an meinem Geburtstag, mit Mama ein Eis essen.«

Inzwischen war ein Bankautomat frei geworden. Sarah tippte ihre Geheimzahl ein und wählte „Kontostand überprüfen" aus. Ihr entwich ein Seufzen: 235,10 Euro. Nur noch, dabei hatte der Monat gerade erst angefangen. Und sie musste sich dringend etwas Neues zum Anziehen kaufen. Ihren Bikini konnte sie nicht mehr tragen. Er würde sie in jeder einzelnen Sekunde an den letzten Sommer erinnern. Diese glücklichen Wochen, in denen sie tatsächlich geglaubt hatte, sie würde Mama werden. Die Zeit, in der sie nicht so allein gewesen war.

Alles, was ihr geblieben war, war ein Berg Schulden. Und ein aufgewühltes Meer voll von ungeweinten Tränen.

Plötzlich spürte sie, wie jemand sie von hinten antippte. Sie konnte fast fühlen, wie er sich immer von hinten angeschlichen und ihr in die Seiten gepiekt hatte. In ihrem Kopf hallte ihr Quieken und Lachen wieder, wenn sie sich dann zu ihm umgedreht hatte, um ihm auf die Finger zu klopfen. Sehnsucht nach dem Unmöglichen ergriff ihr Herz.

Wieder wurde sie von hinten angetippt und hörte ein Räuspern.

»Hm, hm. Junge Dame, Sie starren da schon seit fünf Minuten Löcher in die Luft. Sind Sie fertig? Dann wäre es nämlich sehr freundlich, wenn Sie Platz für die anderen machen würden, bevor es mit mir noch vollends zu Ende geht.«

»Oh, Verzeihung«, sagte Sarah und blickte in das Gesicht eines alten Mannes.

Sie war so in ihrer Erinnerung versunken gewesen, dass sie gar nicht gemerkt hatte, wie sie immer noch vor dem Bankautomaten stand und auf das Display starrte.

Mittlerweile waren auch der kleine Junge und sein Vater an die Reihe gekommen und nun dabei, das Gebäude zu verlassen.

»Möchtest du die Tür aufmachen?«

»Au ja!«

Sarah wartete, bis der Kleine freudestrahlend auf den Schalter gedrückt hatte, der die Türe aufgehen ließ, und lief hinaus.

Sie ging weiter durch die Fußgängerzone, überquerte den Rathausplatz und kramte ihren Schlüsselbund aus der Tasche. Dann schloss sie die Tür des Fachwerkhauses, in dem sie nun wohnte, auf. Im unteren Geschoss befand sich ein Geschäft.

Sarah schleppte ihre Taschen die Treppe hinauf; vorbei an den Wohnungstüren im ersten und zweiten Stock, vor denen fein säuberlich aufgereiht die Schuhe der anderen Bewohner standen. Die kleinen rosa-weiß gepunkteten Gummistiefel im zweiten Stock versetzten ihr jedes Mal einen Stich. Schließlich erreichte sie die Tür zu ihrer kleinen Wohnung im Dachgeschoss. Weil die Wohnung nahe der Innenstadt gelegen war, war sie trotz ihrer Größe so teuer, dass Sarah die Miete fast nicht bezahlen konnte. Aber sie war froh, diese Wohnung gefunden zu haben. So musste sie zur Arbeit und zum Einkaufen keine weiten Strecken zurücklegen. Denn ein Auto konnte sie sich nicht leisten.

Außerdem war die Wohnung recht hübsch und sie saß gerne an dem großen Fenster im Wohnzimmer, das sich genau in der Hausmitte befand, und beobachtete die Menschen, die unten vorbeigingen, um ihre Einkäufe zu tätigen oder um den Arzt zwei Häuser weiter aufzusuchen.

Sie verstaute ihre Einkäufe in der Küche und ließ sich auf das kleine Sofa sinken, das sie beim Schlussverkauf eines insolventen Einrichtungshauses erworben hatte.

Aus ihrem Augenwinkel löste sich eine Träne. Überall wimmelte es von glücklichen Familien. Und was war mit ihr? Sie hatte nichts. Sie hatte alles verloren.

Sarah nahm die Fernbedingung ihres CD-Players vom Sofatisch und drückte auf „Play". Zarte Klavierklänge erfüllten den Raum. Jetzt konnte sie ihre Tränen nicht mehr zurückhalten. Es war das Lied. Wieso hatte sie nicht mehr daran gedacht, welche CD in ihrer Musikanlage lag? Dieses Lied hatte sie zusammen mit ihrem Baby angehört. Zumindest hatte sie das gedacht. Bis die ernüchternde Diagnose kam.

Sie schlang ihre Arme um das dunkelrote Kissen, das neben ihr lag. Sein Kissen.

Am Abend beschloss Sarah, noch einmal nach draußen zu gehen. In ihrer Wohnung machte sie sich nur verrückt. Sie zog eine leichte Sommerjacke über und verließ das Haus.

Sie beschloss, zu dem Fluss, der sich durch Backnang

schlängelte, zu gehen. Weit war es nicht. An der Apotheke zwei Häuser weiter bog sie rechts ab und stieg schließlich die Stufen neben der Zeitungsredaktion hinab. Auf dieser Seite des Ufers befand man sich in der Natur. Links war der leise rauschende Fluss, dessen Ufer von Bäumen, Büschen und Gräsern gesäumt war, und rechts befand sich ein bewachsener Steilhang. Irgendwo hoch oben thronten die alte Stiftskirche und der Stadtturm, der – wie Sarah von der Stadtführung wusste, die sie vor zwei Wochen mitgemacht hatte – früher einmal der Turm der Bürgerkirche gewesen war, die es nun nicht mehr gab. Den einfachen Bürgern war der Zutritt zur Stiftskirche, in der der Adel seine Toten ehrte, verwehrt geblieben. So wie ihr der Zugang zum Glück. Seufzend ging Sarah ein Stück zwischen den Bäumen entlang, aber dann beschloss sie, die Brücke zu überqueren, da ihr die vielen Geräusche und Schatten unheimlich waren. Auf der anderen Seite war es heller. Die Brücke gab einem das Gefühl, von der Einsamkeit mitten in die Stadt zu treten. Hier war ein großer Parkplatz, der an einer viel befahrenen Straße lag. Auf der anderen Seite der Straße reihten sich die Geschäfte im sogenannten „Schweizerbau" dicht an dicht.

Früher einmal eine Fabrik zur Lederverarbeitung, erinnerte sich Sarah. Über den Schaufenstern, die die Straße säumten, bestand das Gebäude aus hübschen roten Backsteinen.

Um diese Uhrzeit war hier allerdings nicht mehr viel los und die Läden hatten längst geschlossen.

Doch auch das Licht der Straßenlampen konnte Sarahs Einsamkeit nicht vertreiben. Sie schlenderte am Ufer entlang zu den großen Treppen. Diese wurden erst vor wenigen Jahren, bei der Neugestaltung des Ufers nach einem Hochwasser, angelegt. Langsam stieg Sarah die Stufen hinunter und setzte sich. Sie war einsam, an einem Ort, an dem tagsüber so viele glückliche Menschen lachten. Eine sanfte Brise spielte mit ihrem Haar. Sie streifte ihre

Flip-Flops ab und tauchte ihre Füße in das kalte Wasser der Murr, das über die unterste Stufe floss. Sie lauschte dem Murmeln des Flusses, doch sie hatte den Eindruck, dass es eher ein Murren war. Passend zum Namen des Flusses. Und passend zu ihrer Stimmung. Der Wind trug das Klagen eines kleinen Kätzchens auf der anderen Seite des Flusses zu ihr hinüber.

Langsam wurde ihr trotz der milden Luft kalt und sie beschloss, in ihre Wohnung zurückzukehren. Seufzend erhob sie sich und sah auf zum Mond, der zwischen den Wolkenfetzen am Himmel hing. Sie zog ihre Schuhe an, stieg die Stufen wieder hinauf und ging am Parkplatz vorbei. Irgendwo wurde eine Autotür zugeknallt. An der Straße mussten gerade einige Autos an der roten Ampel anhalten, da ein paar Jugendliche auf dem Weg zur Spätvorstellung im Kino die Straße überqueren wollten.

Sarah schritt über die Brücke und verließ für einen Moment die Stadt. Den Ort, an dem sie eine gebrochene Frau war. Der Ort, an dem ihr Neuanfang von Erinnerungen behindert wurde. Der Ort, an dem es ihr nicht gelang loszulassen.

Hier konnte sie für einen Moment jemand anderes sein. Hier zwischen den Bäumen, im Schatten der Nacht, wo der wissende Blick des Mondes nicht hinscheinen konnte. Der rauschende Fluss trug sie fort in eine andere Welt. Sie war nicht allein, da war jemand, der sie vor der Dunkelheit beschützte. Und sie war glücklich. Lebte wie in einem Märchen. Doch Märchen existierten nicht.

Was waren das für seltsame Schreie, die in ihre Traumwelt drangen?

Bestimmt nur das Kätzchen. Sie ging weiter, auf die enge Treppe bei der Zeitung zu. Doch das seltsame Jammern hielt an. Ein kalter Schauer lief ihr über den Rücken.

Oh Gott! Ich werde verrückt, dachte sie. *Jetzt höre ich mein Baby schreien.*

Schnell wollte sie dieser seltsamen Stimmung entfliehen. Doch es zog sie hin zu dem Schreien. Ganz eigenartig. Und so folgte sie dem Geräusch und blieb schließlich vor einem Busch stehen und bückte sich.

Warum hatte sie ihr Handy bloß nicht mitgenommen? Dann hätte sie jetzt wenigstens Licht, um etwas zu erkennen. Vorsichtig schob sie die Äste beiseite und tastete sich langsam vor. Doch ihre Hände stießen nicht auf das Fell eins verirrten Kätzchens. Sie fühlte Stoff. Sarah zuckte zurück, als sich unter dem Busch etwas bewegte. Sie hielt einige Sekunden inne, doch nichts passierte. Noch einmal griff sie mit zitternden Händen unter den Busch und bekam ein Bündel zu fassen. Vorsichtig zog sie es hervor und legte es vor dem Busch ab. Sie hielt den Atem an und konnte ihren Augen nicht trauen.

Spielten die Dunkelheit und all die Schatten ihrer Wahrnehmung einen Streich? Sie streckte ihre Hände zögernd nach dem Bündel aus. Ja, sie konnte sie eindeutig fühlen. Die kleinen Beine, die verzweifelt versuchten, sich von der Decke freizustrampeln. Und den dünnen Haarflaum auf dem Köpfchen. Ein kleines Baby starrte sie unverwandt mit großen Augen an.

»Oh mein ... Wie kommst du ... Was ...«, begann sie zu stottern und schlug sich die Hand vor den Mund.

Ein Baby? Eingewickelt in eine Decke? Versteckt unter einem Busch?

»Sarah, wach auf!«, sagte sie sich. »Du drehst durch. Das ist alles ein verrückter Traum!«

Doch nichts passierte. Mit einem lauten Seufzer stieß sie Luft aus. Sie hatte gar nicht gemerkt, dass sie den Atem angehalten hatte. Ein Windhauch fuhr durch die Blätter der Bäume und ergriff eine ihrer Haarsträhnen, sodass sie dem Baby übers Gesicht streichelte. Daraufhin begann es wieder zu weinen.

»Okay. Ganz ruhig. Du musst etwas tun«, versuchte sie

sich zu beruhigen und etwas Ordnung in ihr wirres Gedankenkarussell zu bringen. »Das Baby kann nicht hierbleiben. Es friert bestimmt und hat Hunger.«

Das Weinen des Babys drang in ihre Gedanken. Sie beschloss, zuerst das Baby zu versorgen, und sich dann weitere Gedanken zu machen. Sie musste die Polizei anrufen. Denn ohne Auto war es zu weit, um zur Backnanger Polizeiwache zu gehen. Behutsam wickelte sie das kleine Wesen wieder in die Decke und nahm es auf den Arm. Sarah schaukelte das Baby langsam hin und her, um es zu beruhigen. Und tatsächlich verstummten seine kläglichen Schreie und es schloss die Augen. Vermutlich war es ziemlich erschöpft. Wer weiß, wie lange es schon unter dem Busch gelegen und geschrien hatte.

Sarah ging auf die Treppen bei der Zeitungsredaktion zu. Plötzlich hatte sie es eilig, diesen unwirklichen Ort zu verlassen. Die Dunkelheit wirkte nicht mehr wie eine Traumwelt auf sie, sondern schien ihr aufzulauern.

Wer konnte so grausam sein und ein kleines, hilfloses Baby aussetzen? Womöglich hat diese Person etwas dagegen, dass Sarah es retten wollte. Sie begann zu rennen. Als sie am Fuß der Treppe ankam, hastete sie hinauf. Endlich hatte sie das Licht der Stadt erreicht. Doch die Unwirklichkeit ließ sich nicht abschütteln. Denn Sarah hielt ein echtes, lebendiges Baby im Arm, das sich an sie schmiegte.

Eilig ging sie auf ihr neues Zuhause zu und versuchte zugleich, das Baby nicht zu sehr durchzuschütteln.

Als sie in ihrer Wohnung angelangt war, breitete sie einhändig ein weiches Handtuch auf dem Sofa aus und bettete das Baby darauf. Ihr Blick glitt zu dem Kissen, das neben dem Kopf des Kleinen lag. Doch Sarah schob die Erinnerungen und den Schmerz der Vergangenheit beiseite. Dieses winzige, engelsgleiche Baby brauchte sie jetzt.

Sie zog ein sauberes Leinentuch aus der unteren Schublade ihres Kleiderschranks, um ihm eine provisorische Windel anzulegen. Als sie das schlafende Baby vorsichtig auszog, machte ihr Herz einen Hüpfer. Es war ein Mädchen!

Sanft strich sie der Kleinen über den dunklen Haarflaum des Kopfes. Sarah fühlte etwas Nasses auf ihrem Gesicht und sah, wie eine glitzernde Träne auf das Gesicht der Kleinen fiel. Sie sah aus wie eine Perle. Plötzlich war ihr nach Tanzen zumute. Was auch geschehen war und wie auch immer die Geschichte enden würde, sie war dankbar für diesen Moment. Und da fühlte Sarah, wie neue Hoffnung in ihr aufstieg.

Monika Grabke

Monika Grabke wurde 1995 im Krankenhaus in Backnang geboren. Ihre schulische Laufbahn ist mit Backnang verflochten: Mörikegrundschule, Schickhardt-Realschule und Abitur am Berufsgymnasium in Backnang.
In ihrer Freizeit liest sie sehr gerne, zeichnet und malt, backt oder betätigt sich sportlich.
Dem Deutschunterricht und dem Geschichten- und Aufsätzeschreiben konnte sie bis jetzt nichts abgewinnen. Trotzdem ist sie auch im zweiten Jahr der »Backnang Stories« wieder mit einer Geschichte vertreten.

Schutzengel

Ich faltete die heutige Wochenblattausgabe auseinander, schaute auf die Titelseite und legte sie sogleich weg. Wie konnte es sein, dass ein Orgelkonzert in der Stiftskirche wichtiger war als die Beerdigung letzten Sonntag, der ich beiwohnte. Mir war klar, dass die Welt nur für mich grauer geworden war. Wirklich nur für mich. Ich war die einzige Person auf dieser Bestattung gewesen, was die Angelegenheit noch trauriger machte. Der Verstorbene war mein Nachbar, theoretisch. Praktisch aber war er Vater- und Mutterersatz in einem, sozusagen die einzige Familie, die ich in meiner Nähe hatte. Mein biologischer Vater war früh gestorben. Meine Mutter lebte weiter weg, außerdem war sie schon immer gefühlskalt. Nur ich wohnte in Backnang.

Ich entschied mich kurz nach meinem Studium dafür, hierher zu ziehen. So viel hatte ich von meinen Eltern und Großeltern über Backnang gehört, die hier aufgewachsen waren. Also zögerte ich nicht lange, als im Industriegebiet Lerchenäcker eine Stelle als Programmiererin frei wurde. Nichts hielt mich dort, wo ich früher wohnte, und so wagte ich einen Neuanfang.

Anfangs froh, von der Kontrolle meiner Mutter frei zu sein, hatte ich schnell genug von dieser Einsamkeit. Es war diese Einsamkeit, die mich an einem schönen Samstag an die frische Luft drängte. Ich genoss die Sonnenstrahlen auf meinem Gesicht, das Geräusch von dem nicht asphaltierten Weg in dem kleinen Park an der Murr. Spontan entschied ich, mich auf die Bank zu setzen, die schon von einem älteren Herrn, der mit einem silbernen Anhänger spielte, besetzt war, und meine Seele baumeln zu lassen. Ich schloss die Augen und vergaß die Welt um mich herum, in die Geräusche der Bäume und Vögel völlig vertieft. Das Geräusch von etwas, das auf den Sandkies unter meinen

Füßen fiel, lenkte meine Aufmerksamkeit auf meinen Sitznachbarn. Ich bückte mich im selben Moment vor wie er, um den Gegenstand aufzuheben.

Meine Finger berührten die glatte Oberfläche des Anhängers vor seinen langsameren Fingern. Das Silber war warm von seinen Berührungen. Ich sah, dass es sich um ein Halbherz handelte. Eins von diesen, die Verliebte bei sich trugen und die zusammenpassten, wenn man sie aneinander steckte. Ich hob es auf und reichte es dem Mann. Dabei schaute ich ihn an und lächelte ihm zu. Auch er sah mich an.

Sein Blick schien in mich reinzuschauen. Seine Miene konnte ich nicht deuten, irgendetwas zwischen nachdenklich und verwirrt. Schnell glätteten sich seine Züge und mir kam es so vor, als ob ich mich getäuscht hätte. Daraufhin redete ich den ganzen Nachmittag über mit ihm, bis es dunkel und kühler wurde. Ich weiß nicht, was dieser ältere Mann an sich hatte, dass ich ihm meine Seele anvertraute, ohne ihn zu kennen. Ich erzählte ihm von meiner Mutter, meinem Vater, meiner Arbeit und meinem tristen Singledasein. Aus irgendeinem Grund war mein Leben für ihn so faszinierend, wie es nicht mal für mich wäre, wäre ich ein Supermodel. Immer wenn ich aufhörte zu erzählen, fragte er weiter nach. So lernten wir uns kennen. Als Monate später eine Wohnung neben meiner frei wurde, erzählte ich ihm sofort davon. Ich sagte ihm, dass ich mich um seine Wohnung kümmern und seine Wäsche machen könnte. Ich wollte ihm helfen und für ihn da sein, so wie er immer ein offenes Ohr für meine Probleme hatte. Als er einzog, war ich froh, ihn in meiner Nähe zu haben. Auch wenn ich ihm einredete, dass er mich brauchte, so war ich es in Wahrheit, die ohne ihn nicht leben konnte.

In kürzester Zeit wuchs mir dieser Herr so sehr ans Herz, dass ich ihn als meine Familie betrachtete. Spaziergänge am Samstag wurden bei uns zur Tradition. Jeden Samstag nahm er mich unter den Arm und wir gingen zu „unserer Bank", wie wir sie inzwischen nannten. Oft kam es vor, dass er an meiner Tür klingelte, als ich geschafft von meiner Arbeit nach Hause kam. Mit einem mit Frischhaltefolie bedeckten Topf stand er vor meiner Tür und erklärte mir rührend, dass er zu viel gekocht hatte und nicht wollte, dass es verdarb. In solchen Momenten tat ich so, als ob ich ihm seine Lüge abkaufen würde, insgeheim froh über etwas Anständiges zu essen. Und er tat so, als ob er seiner Lüge vollends glauben würde und mich nicht gerade vor dem Tod durch Fertigkost rettete.

Auch in den letzten Wochen waren wir jeden Samstag spazieren gegangen. Wir mussten unsere Route aber kürzen, denn er hatte nicht mehr die Kraft, lange Märsche zu unternehmen. So waren wir auch am Samstag vor zwei Wochen an der frischen Luft. Der feine Frühlingsgeruch lag in der Luft. Ich stütze ihn von der einen Seite, mit dem freien Arm stützte er sich auf seinem Gehstock ab. Bei unserer Bank angekommen, ließen wir uns nieder. Einen Moment saßen wir stumm da, beide in Gedanken versunken.

»Weißt du, du solltest nicht so streng mit deiner Mutter sein«, durchbrach er die Stille plötzlich.

Zu mehr als einem zusammenhangslosen „Hmmm?" war ich nicht fähig.

»Deine Mutter hat bestimmt Gründe dafür, dass sie laut dir so gefühlskalt und abweisend ist. Du solltest sie nicht bewerten. Du kennst ihre Vorgeschichte nicht, sie war ja nicht immer deine Mutter.«

»Ach, aber du kennst ihre Vorgeschichte?«, fragte ich pikiert und vielleicht auch zu scharf. Klar lag ich ihm oft in den Ohren und murrte über meine Mutter.

»Spatz, ich mein es nur gut.«

Damit war das Thema wohl beendet, denn keiner von uns beiden sagte noch etwas. Als es Zeit zu gehen wurde, wandte er sich noch einmal zu mir.

»Versprichst du mir, auf dich achtzugeben?«

Ich nickte ihm zu.

»Übrigens, meine Lieblingsblumen sind Stiefmütterchen. Solche, wie immer im Frühling in den Blumenbeeten in der Fußgängerzone wachsen.«

»Wieso sagst du das zu mir?«, hakte ich nach.

»Ich dachte, du solltest so etwas wissen«, sagte er schlicht.

Ob er wusste, dass seine Zeit gekommen war? Ich denke, er hatte es im Gefühl. Ich denke, ich wusste es auch, wollte es aber zu dem Zeitpunkt nicht wahrnehmen.

In Gedanken versunken hätte ich fast den Brief, der unter der aktuellen Wochenblattausgabe lag, übersehen. Ich wusste sofort, dass dieser Brief von meiner Mutter kam. Ich bekam zwar nicht oft Briefe von ihr, aber ihre Schrift war mir vertraut.

„*Hallo Anna,*
ich habe diesen Brief oft versucht zu schreiben. Immer wieder musste ich ihn neu anfangen. Jetzt habe ich mir vorgenommen, ihn so zu lassen, egal wie er wird.
Du musst mir vergeben, dass er stellenweise vielleicht verwirrend ist. Das ist für mich aber nicht mehr wichtig.
Vor drei Wochen haben mir die Ärzte eine Diagnose gestellt. Ich habe einen nicht entfernbaren Tumor. Damit habe ich mich abgefunden. Die Zeit wird jeden irgendwann einholen, egal wie schnell man vor ihr wegrennt. Aber es gibt eine Sache aus meiner Zeit vor Deiner Geburt, die ich noch klären möchte. Aus diesem Grund muss ich nach Backnang. Ich muss Dir etwas aus dieser Zeit erzählen und hoffe auf Dein Verständnis. Noch immer ist es für mich ein schmerzhaftes Kapitel, sodass ich nicht den Mut habe es Dir von Angesicht zu Angesicht zu sagen. Leichter fällt es mir, die Geschichte in geschriebene, statt gesprochene Worte zu fassen:
Alles fing an, als ich siebzehn war. In der Schule lernte ich einen netten Jungen kennen. Er war älter als alle aus unserer

Klasse, da er wiederholen musste. Meiner Meinung nach tat ihm das keinen Abbruch. Im Gegenteil, auch meine Freundinnen fanden, dass er gut aussah. Der Fakt, dass er wiederholen musste, gab ihm eine gefährliche Ausstrahlung. Ich bin ihm verfallen, einfach so, von heute auf morgen. Du wirst es nicht glauben, aber auch er hatte ein Auge auf mich geworfen. Wir lernten uns näher kennen und ich sah, dass er ein guter Mensch war. Ehrlich und gut. Wenn es drauf ankam, arbeitete er hart, ohne sich darüber zu beklagen.

Wir verliebten uns und blieben bis zum Ende der Schulzeit ein Pärchen. Auch danach wollten wir weiter zusammenbleiben. Er fand eine Stelle als Zimmermeister in Backnang, was mir sehr passte, denn ich wollte meine Eltern hier nicht alleine lassen. Eines Tages hielt er vorm Rathaus um meine Hand an. Ohne zu überlegen, sagte ich zu. Er nahm mich in seine Arme und wir wirbelten umher.

Ich dachte, meine Eltern würde es freuen. Sie wussten schließlich von unserer Beziehung und mochten ihn auch. Leider hatte ich mit meiner Einschätzung falsch gelegen. Sie sagten mir, dass er keine gute Partie sei, eine Romanze ja, aber kein Ehemann, er würde nicht in unserer Liga spielen und so weiter. Sie zerrten mich aus Backnang raus und arrangierten eine Ehe mit einem Bankier, deinem Vater. Ich mochte ihn, aber ich konnte nicht dasselbe für ihn empfinden wie für meine erste Liebe. Mit Wehmut dachte ich an die Zeit in Backnang, verschloss aber die Schublade mit diesen Erinnerungen fest. Jetzt, da ich mein Leben fast schon beendet habe, rüttelte die Schublade, wollte, dass ich sie öffne, das tat ich.

Ich muss nach Backnang kommen, das erste Mal seit meiner Jugendzeit. Bis jetzt konnte ich es nicht tun, zu viele Orte, die mich an meine glückliche Zeit erinnern würden und an die, die gewesen sein könnte. Vor meinem Tod möchte ich ihn aber noch mal sehen, wissen, dass wenigstens er ohne mich glücklich war. Es wäre nett, wenn ich bei Dir bleiben könnte.

*Ich weiß, wir hatten kein gutes Verhältnis, das möchte ich aber wiedergutmachen. Mein Zug kommt am Sonntag um zehn Uhr an, könntest Du mich vom Bahnhof abholen? Und ich bitte Dich, nicht über meine Krankheit zu reden.
Grüße, Deine Mutter"*

Wütend zerknüllte ich das Papier und warf es an die Wand.

Das Schicksal konnte es nicht ernst meinen. Erst mein einziger Freund und jetzt auch noch meine Mutter.

Trotzdem stand ich am Sonntag um zehn Uhr am Bahnhof und wartete auf den Zug, der meine Mutter nach Hause brachte. Tapfer unterdrückte ich alle Tränen und Gefühlsregungen, eine Sonnenbrille auf der Nase. Mit einem Zischen fuhr der Zug an Gleis vier ein. Die Türen öffneten sich und ich hielt Ausschau nach meiner Mutter, die ich schon länger nicht gesehen hatte.

Da, sie stieg elegant aus, den Koffer ließ sie sich von einem fremden Mann tragen, bei dem sie sich mit einem Lächeln bedankte. Auch sie erspähte mich im Trubel, ebenfalls eine dunkle Sonnenbrille auf. Wir liefen uns entgegen und blieben dann in einem gewissen Abstand voneinander stehen.

Es war klar, dass keine von uns wusste, was sie machen sollte. Meine Mutter hatte nie zu den Personen gehört, die einen herzlich umarmten, ein kühler Händedruck wäre da passender.

Ich wusste nicht, ob ich genau diese Hand jetzt ausstrecken sollte, oder nur „Hallo" sagen sollte. Meine Mutter brach als Erste das Schweigen, indem sie meinen Namen flüsterte, den Koffer stehen ließ und mich umarmte.

Ich war so überrascht, dass ich die Umarmung erwiderte. Im Inneren spürte ich, dass diese Umarmung die Entschuldigung für all die Jahre sein sollte, in denen sie sich für mich nicht interessiert hatte. Und obwohl ich so oft auf sie wütend oder beleidigt war, vergab ich ihr. Sie war meine

Mutter. Und seine eigene Mutter nicht zu lieben ist nicht möglich, egal wie sehr sie sich von dir entfernt, du wirst sie immer lieben. Irgendwo in deinem Herzen ist eine Stelle, in der die Kindheitsliebe zu deiner Mutter immer noch steckt, unbefleckt von der Zeit. Genau diese Liebe erwachte, als sie mich umarmte.

»Willst du ihn gleich suchen?«, fragte ich sie, als sie mich aus der Umarmung entließ.

Sie wusste gleich, um wen es ging, schüttelte aber den Kopf.

»Ich möchte den Tag heute mit dir verbringen, alles über dich erfahren. Zu lange habe ich nur mein Leben gelebt. Morgen werde ich dann zu der Adresse gehen, wo sein Haus stehen sollte. Ein Haus, das er für uns gekauft und mit seinen eigenen Händen renoviert hat.«

Ich nahm die Hand meiner Mutter und drückte sie, nahm ihr den Koffer ab und führte sie in meine Wohnung. Auf dem Weg dorthin fing ich an, ihr alles zu erzählen, was sie nicht wusste, und das setzte ich fort, bis es sehr spät wurde.

Meine Mutter unterbrach mich nicht. Sie stellte nur selten Fragen, wenn ich gerade eine Sprechpause machte. Um Mitternacht herum sagte ich ihr, sie solle schlafen gehen.

Als sie schlief, ging ich in meine kleine Küche und schaute aus dem Fenster. Der vom Mond beleuchtete Stadtturm verschwamm vor meinem Blick, als ich meinen Tränen freien Lauf ließ. Doch am Morgen war ich wieder gefasst.

Ich bereitete meiner Mutter das Frühstück vor und begleitete sie schließlich zu dem Haus, das sie besuchen wollte. Als wir vor dem Haus standen, merkte ich ihr die Anspannung an und entfernte mich. Ich setzte mich auf die Bank im Park und wartete. Es dauerte nicht lange, bis meine Mutter sich neben mich setzte.

»Er wohnt nicht mehr dort. Die Frau, die die Tür geöffnet hat, weiß nicht, wo er hingezogen ist.«

»Es tut mir leid, vielleicht können wir ihn anders

finden?«, versuchte ich sie zu trösten.

»Nein Anna, das Schicksal wollte nicht, dass ich ihn noch einmal sehe. Wahrscheinlich ist er irgendwo glücklich. Ich werde es ihm nicht nehmen, um mein eigenes Glück und Vergebung zu finden.«

Drei Monate, nachdem sie diesen Satz sagte, stand ich vor der Tür meines verstorbenen Nachbars und einzigen Freundes und wog ab, ob ich schon bereit war, dort hineinzugehen.

Meine Mutter war vor ein paar Wochen gestorben und ich wusste nicht, was ich nun mit mir anfangen sollte. In den letzten Wochen ihres Lebens verbrachte ich jede Sekunde mit meiner Mutter. Wir holten die vergangene Zeit nach. Vor der Zeit kann man nicht wegrennen, aber man kann sie einholen, um dann mit ihr zusammen weiterzugehen. Jetzt stand ich vor dieser Tür, mit dem Schlüssel, den ich laut des Testaments zugeschrieben bekommen hatte, und schaute unentschlossen auf das Schlüsselloch. Es würde schmerzlich werden, das wusste ich.

Ich steckte den Schlüssel in das Loch und drehte ihn um. Abgestandene Luft und die Gerüche nach Sicherheit und Wohlbefinden umfingen mich wie eine Rauchwolke. Mit ein paar Schritten war ich im Wohnzimmer. Plötzlich entdeckte ich einen weißen Umschlag auf dem Esstisch, auf dem mein Name in geschwungenen Buchstaben stand. Sofort erkannte ich die Schrift und nahm den Umschlag in meine Hand. Ich öffnete den nicht zugeklebten Umschlag, nahm die Papierbögen heraus und entfaltete sie.

„Liebe Anna, mein Spatz,
da meine Tage sich langsam dem Ende zuneigen, möchte ich, dass Du etwas weißt: Ich kannte und liebte Deine Mutter. Dass Du ihre Tochter warst, wusste ich seit unserem ersten Treffen im Park, als du meinen Anhänger aufhobst, von dem den zweiten Teil Deine Mutter hatte. Natürlich

bestätigtest Du das in vielen späteren Gesprächen.
Du wirst Dich fragen, wieso ich es Dir nie gesagt habe. An dem Tag, an dem wir uns trafen, da wusste ich, dass Du einen Freund brauchtest, nicht dem ehemaligen Verlobten Deiner Mutter, sondern einen wahren Freund. Und ich entschloss mich, dieser für Dich zu sein.
Vor vielen Jahren versprach ich Deiner Mutter, dass ich sie vor allem beschützen würde, ihr Schutzengel sein werde. Leider ist mir das nicht gelungen, ich war nicht fähig, Deine Mutter zu beschützen. Die ganze Zeit plagte mich dieses Gefühl des Versagens, bis ich Dich traf. In Deinen Erzählungen erwähntest Du Deine Mutter manchmal. Ich hörte heraus, dass sie zufrieden war. Zwar wollte ich sie dafür schütteln, dass sie nicht sah, was für einen Schatz sie hatte, aber ich wusste, sie war mit dem zufrieden, was sie hatte. So vieles hätte ich ihr nicht geben können. Dass sie zufrieden war, ließ mein Gefühl des Versagens kleiner werden. Es spendete mir Trost, dass sie ihr Leben nicht damit verschwendete, an mich zu denken, sondern weiterlebte.
Danke für Deine Erzählungen, bei denen ich mich ihr näher fühlte. Sie war mein Leben, hätte ich nicht einen Teil von ihr durch Dich wiedererlangt, wer weiß, ob ich die Ausdauer gehabt hätte, so lange zu leben. Ich weiß, dass Du das Gefühl hattest, dass Du mich mehr brauchtest als ich Dich. Das war aber nicht so. Du warst meine Tochter, die ich nie hatte, und ich wollte Dein Schutzengel sein."

»Das warst du«, flüsterte ich in den leeren Raum.

Als ich nach zwei Wochen auf den alten Friedhof ging, hielt ich einen Strauß Stiefmütterchen. Im Nachhinein ließ ich die Aufschrift auf seinem Grab um das Wort „Schutzengel" erweitern.

Links von ihm lag meine Mutter begraben, die sich sehnlichst gewünscht hatte, Backnang nicht noch mal verlassen zu müssen. Das, was für mich wie ein Zufall erschien, dass ein Platz neben meinem Schutzengel frei war, hatte sich als Schicksal entpuppt. Sie konnten zwar nicht das Leben miteinander verbringen, aber jetzt konnten sie auf alle Ewigkeiten zusammenbleiben. Ich legte die Stiefmütterchen auf beide Gräber und schickte beiden einen Luftkuss zu.

Natalia Grabke

Natalia Grabke lebt seit ihrer Geburt in Backnang. Dort geht sie auch zur Schule. Ihre große Leidenschaft, neben dem Schreiben, ist Musik. Sie spielt selber Gitarre und wünscht sich, in einer Band spielen zu können. An den Backnang-Stories nimmt sie zum zweiten Mal teil.

Wir gratulieren ihr mit:
»Freitagskinder«
zum 1. Platz in der Kategorie unter 18 Jahren
und wünschen ihr weiterhin viel Erfolg.

Der Preis wurde mit freundlicher Unterstützung gesponsert:

⁞ Universum

www.backnangerkinos.de

Freitagskinder

Ingrid Kahlweg. Ich weiß nicht, wer sie ist, oder was sie von mir will. Das Einzige, was ich weiß, ist, dass ich seit Wochen von ihr träume. Ständig derselbe Traum ...

Ich gehe durch die leeren Straßen Backnangs. Es muss am Morgen sein, denn das Licht ist weich und die Sonne steht tief am Horizont. Überall herrscht Totenstille. Ein kühler Wind rüttelt an den Zweigen des Ahornbaumes, der neben den alten Gräbern wächst, fegt über die leeren Wege und wirft mein Haar auseinander. Dann fange ich an zu rennen. Zwischen den Gräbern, Bäumen, Sträuchern hindurch. Schließlich bleibe ich an einem überwucherten Grabstein stehen. Die Wurzeln der steinalten Buche haben sich um den Stein geschlungen, sodass ich nur mit Mühe die Aufschrift ablesen kann.

»Ingrid Kahlweg«, lese ich laut vor und jedes Mal ist es haargenau gleich – ich drehe mich um, von einem seltsamen Gefühl dazu angestiftet, und da sehe ich sie. Eine wunderschöne Frau in den frühen Zwanzigern, gekleidet in ein schlichtes, dunkelrotes Kleid mit einer Schürze aus einem vergangenen Jahrhundert. Ihre Haare, in der Farbe von reifem Weizen, fallen wie ein Wasserfall über ihre Schultern und ihren Rücken. Die tiefblauen Augen, die wie ein Ozean in den verschiedensten Farben leuchten, ziehen mich sofort in ihren Bann. Noch nie im Leben habe ich eine solch schöne Gestalt gesehen.

»Hallo, Fremde«, sage ich nach einer Weile, doch zuerst starrt sie mich nur an.

»Hallo«, erwidert sie schließlich. »Wer bist du?«

Für einen Sekundenbruchteil überlege ich, ob ich meinen Namen vergessen habe.

»Ich bin Johanna, aber jeder nennt mich einfach nur Anna. Das darfst du auch.«

»Schön, dich kennenzulernen, Johanna.«

Die Frau schaut mich erneut eine Zeit lang an und ich verstehe endlich, dass sie auf eine Gegenfrage wartet.

»Und wer bist du?«, frage ich sie.

»Ich bin Ingrid. Ingrid Kahlweg.«

Jedes Mal muss ich an dieser Stelle auflachen.

»Wohl kaum!«, sage ich. Die Frau runzelt die Stirn, sodass sich drei tiefe, senkrechte Furchen zwischen ihren Augenbrauen bilden.

»Wieso findest du das lustig?«, will sie mit ernster Stimme wissen. Ihr strenger Ton überrascht mich und ich höre schlagartig auf zu lächeln.

»Na, da ist dein Grab«, erkläre ich, nachdem ich mich vergewissert habe, dass sie mich nicht auf den Arm nehmen will.

»Ja, in der Tat, da hast du Recht.« Ingrid lässt ihren Blick auf der Aufschrift ruhen. »Das ist mein Grab«, fügt sie mit seltsamer Stimme hinzu.

»Wieso stehst du dann vor mir?«, frage ich mit einem Augenverdrehen. Darauf lächelt Ingrid schwach, doch das Lächeln erlischt, bevor es ihre Augen erreichen kann. Dann kommt sie näher, streckt die Hand aus.

Instinktiv strecke ich ebenfalls die Hand aus. Ihre langen Finger greifen nach meinen, doch ich kann sie nicht spüren. Sie gleiten einfach durch mich hindurch, ohne dass ich es in irgendeiner Weise wahrnehmen kann. In normalen Leben hätte ich jetzt gelacht und gemeint, die absurde Situation käme von dem vielen Wodka, den ich seit meiner Scheidung ziemlich oft trinke. Doch Ingrid begegnet mir im Traum und daher erscheint es mir plötzlich selbstverständlich zu sein, dass ich ihren Geist sehen kann.

»Du bist also tatsächlich tot«, stelle ich fest.

»Ja. Ja, das bin ich.«

Und dann fängt der Traum an zu verblassen. Ingrid wirft mir ihr trauriges Lächeln zu und ich wache auf.

Jedes Mal werfe ich einen Blick auf die Uhr. Und jedes Mal ist es dieselbe Uhrzeit: 0:13 Uhr.

Nach den ersten zwei Wochen, nachdem ich jede Nacht den gleichen Traum hatte, ging ich schließlich zum Backnanger Stadtfriedhof.

Stundenlang irrte ich herum, bis ich es fand – Ingrid Kahlwegs Grab. Genauso wie ich es im Gedächtnis hatte, sah ich es vor mir. Der Grabstein halb stehend, halb liegend und ein altes, zerbrochenes Licht auf der Erde.

Ich riss mit aller Kraft die Wurzeln vom Stein, doch es gab keine Aufschrift außer ihren Namen. Den ganzen Tag blieb ich an dem Grab, bis die Sonne blutrot unterging, und hoffte insgeheim, dass sie sich mit mir treffen würde. Doch jedes Mal besuchte sie mich nur in meinen Träumen.

Die Tage vergingen wie im Flug, aber so beschäftigt, wie ich mit meiner Arbeit auch war, ich konnte die schöne Ingrid nicht vergessen. Mindestens einmal pro Woche kam ich an ihr Grab.

»Was ist es, dass du mir sagen willst?«, flüsterte ich dann. Sie hatte eine Nachricht für mich, da war ich mir vollkommen sicher. Nicht ohne Grund nahm sie Kontakt zu mir auf. Und eines Tages, oder eher eines Nachts, sollte ich es erfahren.

Der Traum verlief wie die vorherigen Träume, nur mit dem Unterschied, dass er nicht so frühzeitig endete.

Ingrid lächelt traurig, doch sie verblasst nicht so wie jedes Mal zuvor. Sie bleibt und urplötzlich wird mir klar, dass ich träume. Die Erkenntnis trifft mich so unerwartet, dass ich keuche.

»Was ist los?«, fragt mich Ingrid verwirrte.

»Es ist ein Traum«, entgegne ich immer noch überrascht. Erst lächelt Ingrid nur, dann lacht sie. Ein glasklares, fröhliches Lachen, obwohl ihre Augen immer traurig bleiben.

»Ja, Johanna, du träumst«, stimmt sie mir zu.

»Was willst du von mir?«, frage ich mit einer ungewollten Schärfe.

»Was ich von dir will, fragst du?«, wiederholt sie und setzt sich auf ihren Grabstein. *»Lass mich meine Geschichte erzählen. Ich wurde 1586 in Backnang geboren. Kleine Stadt mit einem Rathaus und wenigen Häusern. Zusammen mit meinem Vater hielten wir Gänse. In Backnang war das ja so verbreitet!«* Sie lacht. *»Meine Mutter war früh verstorben, Geschwister hatte ich keine. Kein Zweifel, es war hart für mich und meinen Vater. Weil wir wenig Geld hatten, arbeitete mein Vater in einem Lebensmittelladen am Stadtrand. Und weil ich ohne seine Hilfe die Gänse nicht versorgen konnte, stellten wir einen Waisenjungen ein. Alexander hieß der junge Mann. Zu dieser Zeit waren wir beide neunzehn Jahre jung und hatten die Köpfe voll mit Stroh und absurden Träumen von einer großen Zukunft. Wir verliebten uns und schmiedeten Pläne von einem eigenen Bauernhof, der Ehe und von einer Schar von Kindern. Unsere Träume platzten sehr bald. Mein Vater verlor seine Arbeit, und weil das Geld hinten und vorne nicht reichte, entschied er, mich einem wohlhabenden Mann zu versprechen.*

Ich war empört von meinem Vater. Mein ganzes Leben hatte ich gehofft, dass ich mein Schicksal selbst bestimmen werde. Aber es kam anders. Als ich Alexander davon erzählt habe, da war er ganz erpicht darauf, um mich zu kämpfen. Gott sei Dank riet ich ihm davon ab – mein Vater hätte ihn ohne mit der Wimper zu zucken umgebracht. Eine Waise, die seiner Tochter den Hof zu machen wagte!

Stattdessen versprach ich Alexander, mit ihm zu fliehen. Wir warteten nur auf den richtigen Zeitpunkt. Als der Gänsekrieg 1606 ausbrach, erzählte ich meinem Vater, ich würde auf die Straße gehen, um für unsere Rechte zu kämpfen. Sobald ich außerhalb des Hauses war, fing ich an zu rennen und blieb erst auf dem Freithof stehen. Das ist der Hof hinter der Stiftskirche. Unter dem Schutz der Nacht sollte ich mich mit Alexander treffen. Ach, meine Güte.«

Ingrid seufzt schwer, und als sie ihren Blick über die Gräber gleiten lässt, entdecke ich in ihren Augen Tränen.

Ich will ihr tröstend die Hand auf die Schulter legen, doch ich kann sie zu meinem Ärger nicht berühren. Sie nickt mir trotzdem dankbar zu.

»Mein Vater dachte, ich käme spät nach Hause, also machte er sich keine Sorgen. Der Tag neigte sich langsam dem Ende und die Sonne sollte allmählich untergehen. Um den Sonnenuntergang besser besichtigen zu können, stieg ich – töricht, wie ich war – auf das Mäuerchen. Du solltest wissen, dass es Winter war.«

Erneut bleibt Ingrid für einen Moment still. Ich warte geduldig, bis sie weiterspricht.

»Und ich rutschte auf dem Eis aus. Das war das Ende meines kurzen Lebens.« Eine Träne kullert über ihre rosige Wange und fällt in ihr dichtes Haar. »Ich konnte nie mit meinem Alexander fliehen«, flüstert sie und wischt sich schnell die Tränen weg.

»Ingrid«, bringe ich nach einer Weile heraus, »das ist eine sehr traurige Geschichte, aber ich verstehe nicht ganz, was ich damit zu tun haben soll.«

Der Wind pfeift zwischen den Bäumen und ich grabe meine Hände tiefer in die Jackentaschen.

»Ich will dich um einen Gefallen bitten. Alexander wird auf mich auf dem Freithof warten. Weil ich mich nicht von ihm verabschieden konnte, will ich dich bitten, ihm den Brief zu bringen.«

Ingrid holt aus ihrem Ausschnitt einen dicken Umschlag und überreicht ihn mir. Benommen schließe ich meine Finger um ihn. Das Papier ist bereits vergilbt und der Name Alexander, der in altmodischen Lettern auf die Rückseite geschrieben worden war, verwischt.

»*Vierhundert Jahre sind eine Menge Zeit, um einen Brief zu schreiben – und ich habe ihm viel zu sagen*«, meint Ingrid, als sie meinen verwunderten Blick bemerkt.

»*Ähm ...*«, fange ich an, bemüht nicht unhöflich zu klingen. »*Wieso bringst du ihm den Brief nicht selbst?*«

Erneut runzelt Ingrid die Stirn, als würde das selbstverständlich sein.

»*Ich wurde an einem Freitag den 13. geboren. Wir Freitagskinder sind dazu verflucht, immer an unseren Körper gebunden zu bleiben. Und obwohl mein Leichnam unter der Erde verwest, muss ich immer in der Nähe bleiben. So kann ich mich nicht mit meinem Alexander treffen.*«

Ihre Augen werden feucht und sie schaut beschämt weg.

»*Das tut mir leid, Ingrid. Sag mir bitte, was ich machen soll.*«

»*Mir tut es ebenfalls leid, Johanna. Du musst nicht viel tun. Gehe zum Freithof und lege den Brief auf die Mauer. Alexander wird ihn schon abholen.*«

»*Na gut*«, entgegne ich und drücke den Umschlag gegen meine Brust. »*Wenn du es dir so wünschst, dann tue ich das.*«

Ingrid nickt mir zu. »*Danke, Johanna. Dann werde ich endlich Frieden finden können.*«

Ich öffnete die Augen und ging den Traum noch einmal im Kopf durch. Dann schlug ich die Decke zur Seite. Dabei bemerkte ich überrascht, dass ich den Brief in der Hand hielt. Wie konnte es sein, dass ich den Umschlag von der Traumwelt in die reale Welt mitgebracht hatte? Ohne weitere Gedanken zu vergeuden, schlüpfte ich in Windeseile in eine ausgewaschene Jeans, ein Paar Turnschuhe, fuhr mir hektisch durchs Haar und sprang aus meiner Wohnung am Wasserturm. Es war zwar ziemlich weit, um die ganze Strecke bis zum Freithof zu Fuß zu bewältigen, doch ich rannte an dem Kreisverkehr, dem Tesatplakat, der Polizei und der Realschule vorbei, den Berg hoch bis zu der Schillerschule und schließlich erreichte ich außer Puste den Stiftshof.

Für einen Moment setzte ich mich auf die Treppen und schnappte nach Luft. Das Ablegen des Briefes sollte ein Augenblick ohne Hektik werdem. Nachdem ich durch die Nase und nicht durch den Mund atmen musste, stand ich auf und umrundete langsam die Stiftskirche, bis ich mich auf dem Freithof wiederfand. Der Wind drang durch meine Kleidung bis zur Haut und die kalte Luft stach in meine Lungen. Ich wünschte mir, ich hätte eine Jacke mitgenommen. Es war eisig kalt und ich zitterte. Egal. Ich warf noch einen letzten Blick auf den Brief, bevor ich ihn behutsam auf die Mauer legte.

Was Ingrid ihrem Alexander wohl geschrieben hatte? Meine Finger fuhren über die kühle Mauer. Ich sah sie nun mit ganz anderen Augen. Es war nicht mehr die Mauer, gegen die ich mich früher nicht anlehnen wollte, weil sie schmutzig war. Nein, es war eine Mauer, an der Ingrid auf ihre Liebe gewartet hatte und auf der sie so frühzeitig ihr Leben lassen musste.

Ich legte mich mit dem Oberkörper gegen die Mauer und schaute nach unten. Dort war Ingrid heruntergestürzt. Zwischen den Bäumen hatte sie ihren Tod gefunden. Viele Orte und Gegenstände hüten Geheimnisse, von denen wir oftmals nichts wissen. Ingrid hatte mich auf eine Reise durch die Vergangenheit mitgenommen. Ihretwegen wusste ich jetzt, was sich auf dem Freithof vor so vielen Jahren abgespielt hatte.

Ich sog tief die Luft ein und ließ meinen Blick über die Aussicht gleiten. Autos fuhren über die Straße, die Häuser verdeckten den Sonnenaufgang. Aber wenn ich die Augen schloss und dem Wind meine Haare zu kämmen erlaubte, dann fühlte ich mich wie in eine andere Zeit versetzt.

Zufrieden öffnete ich wieder meine Augenlider, und als ich auf den Platz, wo ich den Brief abgelegt hatte, hinüberschaute, war er verschwunden. Mit einem leichten

Angstgefühl suchte ich blitzschnell den Boden mit den Augen ab, doch ich konnte den Umschlag nirgends finden. Verdammt! Ich würde es mir nie verzeihen, wenn der Brief verloren gegangen war. Aber dann entdeckte ich ihn. Die starken Böen hatten den Umschlag mitgerissen und ich sah ihn nur noch in der Ferne, wie er durch die Lüfte trieb.

Irgendwie wusste ich, dass es so richtig war, dass der Brief Alexander erreichen würde, und mein aufgeregter Herzschlag beruhigte sich. Lange schaute ich dem dicken Umschlag nach, auch als er aus meinem Blickfeld verschwand und durch das helle Sonnenlicht meine Augen tränten. Alexander würde den Brief lesen und verstehen, was passiert war. Nach so vielen Jahren würde Ingrid ihren ersehnten Frieden finden.

Manchmal, wenn ich einen freien Tag habe, dann gehe ich auch jetzt noch auf den Freithof oder auf den Stadtfriedhof. Nachdem ich den Brief abgegeben hatte, ist Ingrids Grab auf geheimnisvolle Weise verschwunden, was mir nur die Sicherheit gibt, dass sie nun in Frieden ruht. Oftmals setze ich mich dann unter die Buche und denke nach. Über das Leben, den Tod und über Liebe. Immer bringe ich für Ingrid ein paar Blumen mit, damit sie weiß, dass ich an sie denke. Wenn ich auf den Freithof gehe, dann schaue ich dem Sonnenuntergang zu und fühle mich mit Alexander und Ingrid verbunden.

In Backnang werden längst keine Gänse mehr gehalten und an den Gänsekrieg erinnert nur noch der Gänsebrunnen am Rathaus, doch ich stehe an der gleichen Stelle, wie Ingrid vor vierhundert Jahren und schaue der gleichen Sonne zu wie sie damals.

Ist das nicht seltsam? Die Jahre vergehen, doch die Sonne bleibt immer dieselbe. Millionen Menschen haben ihr schon zugeschaut und jetzt kann ich es ebenfalls. Wie viele Geschichten sie zu erzählen haben muss!

Falls Du mir die Geschichte glaubst, und ich versichere Dir, dass sie wahr ist, dann zünde doch für Ingrid, wenn Du gelegentlich auf dem Stadtfriedhof vorbeischaust, eine Kerze an und nehme Dir eine Minute Zeit, ihr Deine Gedanken zu widmen. Obwohl sie Dich, an dem besseren Ort, wo sie ist, wahrscheinlich nicht mehr hören kann, grüße sie bitte von mir und sage ihr, dass ich oft an sie und ihren Alexander denke.

Und wenn es Dich auf den Freithof verschlagen sollte – nun ja, dann weißt Du jetzt, was sich dort abgespielt hat.

Marina Heidrich

Die Halbitalienerin Marina Heidrich wurde 1961 in Murrhardt geboren, lebt aber schon über 20 Jahre als überzeugte Backnangerin in der ehemaligen Gerberstadt.
Als erste weibliche Hardrocksängerin hat sie die örtliche Musikszene geprägt. Seit vielen Jahren schreibt die freie Journalistin u. a. regelmäßig für die Backnanger Kreiszeitung, erstellt Song- und Werbetexte und verfasste den Löwenanteil am Sachbuch »wir.2008 – Backnang und Umgebung«.
Zitat: »Ich bin eine Mischung aus Spätzle und Pasta«

Marina Heidrich konnte gleich mit ihren beiden Geschichten die Jury überzeugen:
    »Die perfekte Tarnung«
    »Die Bahn-Romanze«

Wir gratulieren ihr mit:
»Die perfekte Tarnung«
zum 2. Platz und wünschen ihr weiterhin viel Erfolg.

Der Preis wurde mit freundlicher Unterstützung gesponsert:

Hofgut Hagenbach

Die perfekte Tarnung

»Die Schwaben an sich sind ja schon ein ganz eigenes Volk, aber diese Backnanger«, der Mann am Nebentisch schaudert. »Die sind noch schlimmer. Sozusagen die Quintessenz des Schwäbischen.«

Ich rühre in meinem Cappuccino, während ich mir ein Lächeln verkneife. Ein Rheinländer, natürlich. Zu Besuch in unserer Stadt. Seltsam, die Rheinländer spüren es immer sofort. Am wenigsten merken es Ostfriesen und Sachsen.

Ich habe heute frei und sitze in meiner Lieblingseisdiele in der Backnanger Fußgängerzone. Ja, solche Bemerkungen bringen mich dazu, zurückzudenken. An damals. Als alles begann. Als wir unsere große Pflicht wahrnehmen mussten.

Ich war noch sehr jung, als ich mit dem ersten Landetrupp eintraf. Damals war alles leichter. Das Gebiet war kaum besiedelt. Wenn ich es mir recht überlege: eigentlich gar nicht.

Es gab Bäume. Und noch mehr Bäume. Und einen netten kleinen Fluss. Selbst wenn irgendjemand unsere Raumschiffe bemerkt hätte, wären wir immer noch als Götter, Feen oder Engel durchgegangen. Im Jahr 500 nach Christus konnte man diese Ausrede noch gut benutzen.

Versuch das mal 2015! Ruckzuck steckst du in einer hübschen weißen Jacke und wirst mit Blaulicht in ein gut verschlossenes Krankenzimmer gebracht. Obwohl: Wir waren vorsichtig. Unsere Tarnung ist immer noch perfekt.

Rein optisch unterscheiden wir uns nicht von den Menschen und wir haben uns stets bemüht, noch menschlicher und vor allem noch schwäbischer als andere zu sein. Mit allen Vorzügen und Nachteilen, kein Klischee haben wir ausgelassen. Die Schwaben haben den Ruf, anders als andere zu sein. Tüchtiger, fleißiger, kleinlicher, eigenbrötlerischer. Wir gehen zum Lachen in den Keller, wir sind nur zweimal im Jahr gesellig, die Kehrwoche ist uns heilig, wir sind Rebellen mit Kutterschaufel und Kehrwisch, und wenn wir im Recht sind, dann ist das so. Punkt. Ein ganz eigener Schlag Menschen.

Daher gründeten wir Backnang. Die Stadt der Superschwaben. Ich muss oft lachen, wenn ich Filme über Außerirdische sehe. Sie landen immer in den USA, versuchen die großen Metropolen zu zerstören oder nehmen Kontakt mit dem Weißen Haus auf. Also bitte, was hätten wir denn davon?

Keine Menschenseele würde vermuten, dass eine Kleinstadt mit knapp 35.000 Einwohnern im Rems-Murr-Kreis die eigentliche Wiege der Zivilisation und der Hort der Menschheit ist; aber vor allem nicht, dass von diesen Einwohnern 20.000 sogenannte Aliens sind. Extraterrestrische. Kleine grüne Männchen und Weibchen, Marsianer, ganz egal, wie die restlichen Bewohner dieses Blauen Planeten uns auch immer nennen wollen. Und wir sind weder hier, um die Weltherrschaft zu übernehmen noch um die Erde zu zerstören. Wir nisten uns auch nicht in menschliche Körper ein. Igitt! Genauso wenig versuchen wir „nach Hause zu telefonieren".

Wir machen einfach unseren Job: Wir sind Hirten. Wir beschützen diese entwicklungsgeschichtlich viel zu schnell gewachsenen Kinder vor sich selbst. Zugegeben, das gelingt uns nicht immer. Doch ohne uns wäre alles viel schlimmer, alles Leben auf diesem Planeten wäre bereits ausgelöscht. Backnang ist für unsere Mission der ideale Ausgangspunkt. Jahrhundertelang konnten wir größtenteils vom Orbit, direkt von unseren beiden Raumschiffen aus, agieren. Wir schickten immer nur so viele Besatzungsmitglieder auf die Erde, wie Backnang zum jeweiligen Zeitpunkt Einwohner hatte. In den 50er Jahren des 20. Jahrhunderts änderte sich alles. Die Menschen jagten Satelliten ins All.

1953 schoss die Einwohnerzahl von Backnang auf 20.000

hoch. Wir mussten damals überstürzt die Erdumlaufbahn verlassen und unsere Schiffe an sicheren Orten unterbringen. In ein geheimes unterirdisches Depot. Ich sage nur so viel: Wenn sie dieses Jahr mit dem Abriss des mittlerweile geschlossenen alten Backnanger Krankenhauses beginnen, dürfen sie nicht zu tief graben.

Früher war es auch viel einfacher, mit der alten Heimat Kontakt aufzunehmen und den Verantwortlichen dort die nötigen Informationen über die Entwicklung der Menschheit zukommen zu lassen. Seit in Waldrems diese gigantischen Schüsseln und Antennen stehen, mussten wir umdisponieren. Unsere Wissenschaftler haben bemerkt, dass manche Musikinstrumente, entsprechend modifiziert, Signale aussenden, die von den Laboren auf dem Heimatplaneten empfangen werden können. Also sorgten wir zunächst dafür, dass in der Nachbargemeinde Großaspach eine Arena gebaut wurde, in der große, laute Konzerte stattfinden. Mit menschlichen Sängern und Musikern. Zur Ablenkung. Unsere eigentliche Nachrichtencrew hat den Akkordeonring Steinbach unterwandert. Akkordeons erwiesen sich, bei in raschen Intervallen komplex eingestreuten 64tel Noten, als ideales Instrument zur Nachrichtenübermittlung. Um die Wahrheit zu sagen: Hier sind wir von unserer 50-Prozent-Quote abgewichen. Bis auf den nichts ahnenden Dirigenten gehören alle Aktiven zu uns. Aber die Nachrichtencrew hat auch einen wirklich wichtigen Job, da darf kein Fehler passieren.

Ansonsten halten wir uns an die 50-Prozent-Regel. Im Stadtrat sitzen zur Hälfte unsere Leute, traditionell ist der jeweilige Bürgermeister allerdings ein Mensch, das hat sich einfach bewährt und ist unproblematischer. An den Schulen unterrichten zu 50 Prozent unsere Lehrer, die Positionen der Eigentümer und Mitarbeiter in Firmen und Geschäften Backnangs sind entsprechend von uns besetzt. Auch in der

Gastronomie, gleich ob Imbissbude oder hochklassiges Restaurant, sind wir anteilig vertreten. Von den beiden Kinos gehört eines einem unserer Ehepaare.

Ich weiß noch gut, wie wir damals dort das erste Mal „Alien" gesehen haben. Der ganze Saal der Premierenvorstellung war mit unseren Leuten gefüllt. Wir haben gelacht, bis uns die Tränen kamen. Ich kenne alle einschlägigen Filme, viele von uns sind Science-Fiction-Fans, weil das für uns Comedy pur ist. Wir wohnen Tür an Tür mit menschlichen Wesen und niemals, wirklich niemals, verspüren wir den Wunsch, ihnen das Gehirn auszusaugen oder ihre Seelen zu fressen. Und manchmal verlieben wir uns sogar. Wir haben Sex mit ihnen, heiraten manchmal, sind glücklich oder trennen uns. Nur gemeinsame Nachkommen, das klappt nicht. Viele kinderlose Backnanger Paare sind Misch-Ehen. Der menschliche Partner darf allerdings nie erfahren, mit wem er da zusammenlebt. Er oder sie würde es nicht verstehen. Es ist ohnehin schon hart genug, wenn wir unsere menschlichen Freunde und Bekannte überleben.

Wir sind auf eine Lebenszeit von circa zweitausend Erdenjahren angelegt, was natürlich komplizierte Vorgänge nötig macht. Auswandern, um nach Jahrzehnten mit neuer Identität zurückzukehren, ist sehr beliebt. Kosmetische Turbo-OPs, fingierte Unfälle, Pseudo-Erkrankungen oder gestellte Selbstmorde werden im Zeitalter des Internets immer schwieriger. Und dabei dürfen wir unsere Aufgabe nicht vergessen – die Bewahrung und den Schutz der ganzen Menschheit.

Ich rühre immer noch in meinem mittlerweile kalten Cappuccino. Der Rheinländer am Nebentisch hat seinen Vortrag über schwäbische Kleinstädte im Allgemeinen und Backnang im Besonderen beendet und bezahlt bei der Bedienung. Im Vorbeigehen zwinkert sie mir zu – sie gehörte damals zu meinem Landetrupp. Ich lächle und denke: *ein Glück, das Backnang für unsere Mission die perfekte Basis ist. Eine kleine Stadt mit urschwäbischen Qualitäten, mit Eigenbrötlern und Rebellen. Völlig unspektakulär. Ohne Glamour. Unauffällig. Die perfekte Tarnung.*

Die Bahn-Romanze

Zwischen dem Backnanger Bahnhof und mir gab es schon immer eine besondere Beziehung. Zumindest empfinde ich das so. Als ich ein kleiner Junge war, erzählte mir meine Mutter immer wieder, dass am 20. August 1975 nur zwei wirklich wichtige Dinge geschahen: die offizielle Übergabe des nagelneuen Bahnhofsgebäudes an die Öffentlichkeit und meine Geburt. Als ich im September 1981 eingeschult wurde, durfte ich wenige Tage später bei der Eröffnung der S-Bahn-Linie S3 von Backnang bis zur Haltestelle Schwabstraße mitfahren. Ab da wusste ich: Dieser Bahnhof ist mein Leben.

Im Mai 1996 begann eine glänzende Zukunft, die Strecke von Backnang nach Crailsheim wurde elektrifiziert und ich lernte im Zug ein Mädchen kennen. Wir heirateten bald. Ich bekam einen Job in Stuttgart. Natürlich fuhr ich stets mit Zug und S-Bahn zur Arbeit.

Im Oktober 2010 streikte die Bahn, es kam zu Verzögerungen und Ausfällen und ich beschloss, an dem Tag umzukehren und wieder meine Wohnung am Berliner Ring aufzusuchen. Wo meine Frau und ein mir unbekannter Mann gerade heftig in meinem Schlafzimmer zugange waren.

Ich kehrte zum Bahnhof zurück und betrank mich dort in der Gaststätte.

Am 08. Dezember 2012 unterschrieb ich die Scheidungspapiere. An dem Tag wurde die Verlängerung der S-Bahn-Linie S4 zwischen Backnang und Marbach eröffnet.

In den folgenden zwei Jahren musste ich mir eine neue Arbeitsstelle suchen, meine Ex-Frau nahm mich bis aufs Hemd aus. Aber mittlerweile komme ich gut zurecht. Der Backnanger Bahnhof ist nach wie vor Dreh- und Angelpunkt meiner Welt. Meiner privaten und beruflichen. Heute ist Donnerstag. Wie immer stehe ich auf dem Bahnsteig und warte geduldig. Es wird schnell kalt, ich hätte meinen Trenchcoat mitnehmen sollen. Um diese Uhrzeit fahren nicht viele Leute ab dem Backnanger Bahnhof. Der Zug hält. Er ist voll, die Leute stehen. Ganz knapp finde ich noch einen Platz an der Tür. Ich habe nichts anderes erwartet. Der Regionalzug ist immer voll. Ich weiß das, denn ich fahre wieder regelmäßig zur Arbeit. Es ist Feierabendzeit. Müde Gesichter. Ein Drittel der Mitfahrer, die einen Sitzplatz ergattern konnten, ist mit Surfen und Schreiben auf Smartphones und Pads beschäftigt. Ein junger Mann liest ein Buch – ein Exot, denke ich amüsiert und schaue mich um.

Draußen ist es um diese Jahreszeit schon dunkel, das Deckenlicht im Zug lässt die Gesichter fahl und wächsern erscheinen. Ich mustere kurz mein Spiegelbild im Türglas. Volles dunkles Haar mit ganz wenig silbergrauen Fäden, mein Gesicht ist gerade markant genug, um als gut aussehend durchzugehen, ohne allerdings allzu auffällig zu sein. Mein Anzug sitzt gut, ich trage keine Krawatte, nur einen dunklen Schal. Ich lächle kurz meinem Spiegelbild zu und denke, dass ich wirklich wie ein typischer Verwaltungsmensch nach Feierabend aussehe. So hat mich meine Ex-Frau immer genannt. Seriös, unauffällig, ganz sympathisch. In unserer Scheidungsphase fügte sie dann noch hinzu: gepflegt langweilig.

Langsam gleitet mein Blick über meine Mitfahrer. An meiner linken Seite steht ein Mann mittleren Alters, durch die Enge haben wir leichten Körperkontakt. Es ist ihm wohl peinlich, denn er sieht geflissentlich zum Fenster hinaus. Er scheint in Kölnisch-Wasser gebadet zu haben, der Geruch kriecht immer stärker meine Nase hinauf. Obwohl – es gibt schlimmere Düfte in überfüllten Zügen.

Zwei gackernde, kichernde Teeniegören mit fast identischem Outfit lästern mit schrillen Stimmchen und derbem Vokabular über eine Freundin. Direkt vor mir presst eine dicke, ältere Dame eine riesige Einkaufstüte an ihren

Bauch. Sie habe ich schon mehrmals hier im Zug gesehen. Ein junger Mann in Jeans dreht sich immer wieder ungeschickt und rempelt die Leute ungewollt mit seinem Rucksack an. Müde Gesichter, leere Augen. Das Piepsen der Klingeltöne. Die Rotzgören, die jeden zweiten Satz mit „Ich schwör" beenden ...

Dann sehe ich sie. Der Rucksacktyp hat sie bislang verdeckt. Ihre dunkelblonden Haare umrahmen ein fein geschnittenes, ovales Gesicht, fallen in weichen Wellen bis auf ihre Schultern. Sie hat eine Stupsnase, ihr Mund ist eher klein, aber schön geschwungen. Kein Lippenstift. Große graublaue Augen, mit denen sie mich plötzlich direkt ansieht. Ihr flauschiger, wollweißer Mantel steht offen und darunter kann man eine gute Figur erkennen. Sie sieht fast aus wie ein Weihnachtsengel. Ich schaue kurz zu Boden. Als ich wieder aufblicke, sieht sie gerade weg. Der Rucksackträger rempelt die Dame mit der Einkaufstasche an.

»Passen Sie doch auf!«, keift sie ihn laut an. Der junge Mann wird feuerrot, entschuldigt sich, dreht sich um und verpasst mit seinem Rucksack einer der Teeniegören einen Schubs, die „He, Alder!" raunzt.

Ich muss lächeln und sehe den amüsierten Blick in den graublauen Engelsaugen. Wieder sieht sie mich an. Diesmal länger. Ihre Mundwinkel zucken kurz nach oben. Dann hält der Zug in Winnenden. Ich hoffe, dass die dunkelblonde Frau nicht jetzt schon aussteigt, und halte den Atem an.

Der Rucksackträger und die Teenies quetschen sich durch die Tür nach draußen. Ich schaue auf den Bahnsteig und fünf weitere Personen drängeln herein. Es wird richtig eng. Der Zug fährt an, jemand wird kurz gegen meine Brust gedrückt.

Ich senke den Blick und sehe dunkelblondes Haar und einen flauschigen Mantel. Ein zarter Duft nach Rosen geht von ihr aus. Sie lächelt entschuldigend und stützt sich mit ihrer zierlichen Hand ganz kurz an mir ab. Diese

Augen – plötzlich sind sie ganz nah. Groß und graublau, mit einem leichten Funkeln. Seidige Wimpern.

Der Zug fährt in eine Kurve, sie verliert das Gleichgewicht, ich fange sie ab, spüre ihren Körper an meinem, angenehm warm. Ihr Mantel ist kuschelig weich. Wir lächeln. Immer wieder taucht ihr Blick in meinen. Noch fünf Minuten bis Fellbach. Der Zug wird langsamer. Hält an. Die Türen öffnen sich.

Ich steige aus, werfe einen kurzen Blick zurück, kann noch ihr dunkelblondes Haar und den wollweißen Mantel erkennen, dann fährt der Zug weiter. Ich lächle ihr kurz hinterher. *Leb wohl, mein Engel.* Manchmal ist die Arbeit angenehm, denke ich und summe leise einen aktuellen Popsong vor mich hin.

Ruhig gehe ich die Treppen des Bahnsteigs in Fellbach hinunter. Meine S-Bahn zurück nach Backnang wartet schon auf Gleis 1. Wie immer ist sie abends fast leer. Ich suche den letzten Wagen auf, setze mich und ziehe die erfolgreiche Arbeit des heutigen Tags aus meiner linken Jackettasche. Die Brieftasche des Kölnisch-Wasser-Fans enthält fast einhundertfünfzig Euro, zwei Bankkarten, Ausweis, Führerschein und Krankenversichertenkarte. Das volle Paket. Das Geld entnehme ich, den Rest lasse ich drin. Ich werde die Brieftasche am Bahnhof in Maubach in den Mülleimer werfen, dort ist die Chance groß, dass sie bald gefunden wird. Ich bin kein Unmensch und weiß, wie lästig es ist, neue Ausweispapiere zu beantragen.

Der Geldbeutel des blonden Engels ist klein und cremefarben. Und er duftet nach Rosen. Ich schnuppere an ihm, bevor ich ihn öffne. Es sind gerade mal ein Zehneuroschein und ein paar Münzen drin. *Besser als nichts*, denke ich und will meine eigene Brieftasche herausholen, um das Geld zu verstauen.

Sie ist weg.

Ungläubig klopfe ich auf meine Taschen. Dann sehe ich

mein Gesicht im Fenster gespiegelt, während die S-Bahn sich langsam in Bewegung setzt. Ich wirke in dem Augenblick nicht sehr intelligent, mit offenem Mund und aufgerissenen Augen.

Augen – schlagartig habe ich die Vision von graublauen Engelsaugen mit einem leichten Funkeln. Ich spüre noch die leichte Berührung ihrer zierlichen Hand. *Dieses Miststück!*

Johanna Herberts

Johanna Herberts wurde in Backnang geboren und kommt nach den Sommerferien am Taus-Gymnasium in die 8. Klasse.
In ihrer Freizeit malt, bastelt und knüpft sie gerne. Oder sie fährt Inliner oder Fahrrad.
Außerdem liebt sie Kriminalromane. Diese liest sie am liebsten abends im Bett, auch wenn es sie dann manchmal gruselt.

Spurlos verschwunden?!

Kommissar Mayerhoff schlürfte gerade genüsslich seinen Kaffee, als das Telefon klingelte.

»Hier Kommissar Mayerhoff von der Polizei Backnang.«

»Hallo, hier ist Elisabeth Kohl, Jahrgang 1970, verheiratet, zwei Kinder und vier Geschwister. Meine Tante ersten Grades war erste Bratsche im Sinfonieorchester des SWR. Mein Onkel ist schon lange tot, er hat einfach zu viel getrunken und geraucht. Mein älterer Sohn hat gerade sein Abi hinter sich und wird Theologie und Psychologie studieren. Mein Jüngster ist in der achten Klasse und jetzt schon sitzen geblieben, aber ich verstehe auch den Schulleiter nicht, das ist wirklich unerhört ...«, meldete sich eine aufgelöste Frauenstimme.

»Alte Quasselstrippe«, murmelte der Kommissar.

»Haben Sie gerade irgendetwas gesagt?«

»Nein, nein. Aber warum rufen Sie überhaupt an?«, versuchte er ihren Redefluss zu unterbrechen.

»Also, mein Mann ... er ist spurlos verschwunden!«

»Sind Sie sich Ihrer Sache ganz sicher?«

»Ja, natürlich, ich habe ihn überall gesucht!«, schluchzte Frau Kohl.

»Jetzt beruhigen Sie sich doch erst einmal. Wann haben Sie ihn denn das letzte Mal gesehen?«

»Gestern um halb zwölf. Wissen Sie, meine Tante, die erste Bratsche, hat noch angerufen. Als ich heute Morgen aufgewacht bin, war er verschwunden.«

»Und Sie wissen wirklich nicht, wo er sein könnte?«

»Nein. Wissen Sie, er war so nett!«

»War?«, fragte der Kommissar alarmiert. »Ist er gestorben? Wurde er getötet? Hat er Selbstmord begangen?«

»Das hoffe ich natürlich nicht! Und habe ich wirklich

„war" gesagt? Da habe ich mich wohl versprochen.«

»Wissen Sie was, ich komme zu Ihnen, und dann können Sie mir alles über Ihren Mann erzählen. Wo wohnen Sie?«

»In der Schillerstraße, über der Volksbank.«

»Okay, dann komme ich gleich vorbei!«

Nachdem Mayerhoff auf den Klingelknopf gedrückt hatte, öffnete sich die Tür und eine schlanke Mittvierzigerin trat ihm entgegen.

»Hallo, Sie müssen Kommissar Mayerhoff sein. Freut mich, Sie kennenzulernen.«

»Grüß Gott, Frau Kohl. Haben Sie hier eine Wohnung?«

»Ja, aber leider kann man von dort aus nicht die Murr sehen. Die anderen Häuser verdecken mir die Sicht.«

Schließlich waren die beiden oben angekommen. Frau Kohl schloss die Wohnungstür auf, und als Kommissar Mayerhoff nun in den Flur trat, entdeckte er auf dem Boden zahlreiche Blutflecken.

»Was sind denn das für Flecken?«

»Oh, ich habe gerade sehr starkes Nasenbluten.« Frau Kohl hielt ihm als Beweis ein verblutetes Taschentuch vor die Augen.

»So genau wollte ich das nun auch nicht wissen«, brummelte er.

»Setzen Sie sich doch«, entgegnete Frau Kohl freundlich. »Ich habe extra süße Stückchen vom Bäcker gegenüber geholt.«

»Danke, aber ich bin gerade auf Diät. Nun erzählen Sie mir einmal von Ihrem Mann.«

Frau Kohl fing wieder an zu weinen.

»Ach, mein Mann war so ein lieber Mensch, das können Sie sich gar nicht vorstellen. Hoffentlich ist ihm nichts Schlimmes passiert.«

»Dürfte ich mir nun einmal Ihre Räumlichkeiten genauer anschauen?«

»Ist das wirklich notwendig?«, fragte Frau Kohl.

»Ja, das ist es.«

Mayerhoff fing in der Küche an. Er durchsuchte alle Schränke und schaute sogar im Mülleimer nach, fand aber keinerlei Hinweise, die irgendwie darauf hingedeutet hätten, wohin der Mann von Frau Kohl gegangen sein könnte. Auch im Bad hatte er kein Glück. Im Wohnzimmer sowie im Schlafzimmer suchte er vergeblich nach Beweisen. Anschließend ging er, sichtlich erschöpft, ins Arbeitszimmer.

»Wo hat Ihr Mann seinen Schreibtisch?«, wollte er wissen.

»Hier!« Sie deutete auf einen Schreibtisch aus edlem Tropenholz mit zahlreichen Schubladen und einem silbernen Laptop. Alles sah sehr aufgeräumt aus. Der Kommissar zeigte nun auf die Schubladen.

»Darf ich einmal nachschauen?«

»Wenn es sein muss.«

Der Kommissar durchstöberte die Schubladen, bis er schließlich auf ein dunkelblaues Tagebuch stieß, in dem der Name Manuel Kohl stand. Ein Eintrag in diesem Tagebuch lautete folgendermaßen: *„Irgendwas stimmt mit Elisabeth nicht. Sie schaut mich immer so misstrauisch an. Kürzlich habe ich heimlich ihren überdimensionalen Schminkkoffer durchsucht und eine geladene Pistole gefunden. Oh, hat sie etwa vor, mich zu töten? Seit dem schrecklichen Fund leide ich unter Verfolgungswahn. Muss ich die Polizei einschalten? Fragen über Fragen, was soll ich nur tun?"*

Mayerhoff musterte Frau Kohl kritisch. Das waren ja interessante Informationen. Irgendwas war hier oberfaul.

»Frau Kohl, besitzen Sie eine Schusswaffe?«

»Nein, wie kommen Sie denn auf so eine Idee?«, empörte sie sich. Zornentbrannt verließ sie den Raum und ging in die Küche.

Die lügt ja wie gedruckt, dachte Mayerhoff. Der Kommissar setzte nun seine Suche im Büro fort. Da der

Raum sehr niedrig war, schlug er sich plötzlich seinen Kopf an. Leise fluchte er. Doch dann staunte er nicht schlecht: Sein Kopf hatte soeben einen geheimen Mechanismus ausgelöst. Glück im Unglück!

Vor ihm tat sich eine Öffnung in der Wand auf. Ein Nebenraum war zu sehen. Er trat hinein. Vor ihm lag ein Mann, blutüberströmt. Der Kommissar fühlte dessen Puls, konnte aber nur noch dessen Tod feststellen. Er durchsuchte die Jackentaschen und fand schließlich den Pass des Verstorbenen. Es war Manuel Kohl.

Mayerhoff verließ den Hohlraum.

»Frau Kohl, ich habe gerade eine grausame Entdeckung gemacht, kommen Sie, aber schnell!«

Bleich wie ein Gespenst betrat Frau Kohl nun das Büro. Sie schwieg, als er auf den toten Mann zeigte. Fluchtartig verließ sie daraufhin den Raum.

»Frau Kohl, was ist los? Warten Sie!« Doch dann schlug sich Mayerhoff mit der flachen Hand gegen die Stirn. »Logisch, ich Hohlkopf, das ist doch klar wie Kloßbrühe! Frau Kohl muss die Mörderin sein. Sie hat sich zweimal verraten.«

Schnell rannte er jetzt hinter ihr her. Er sah, wie sie die Badtür hinter sich verschloss. Dann hörte er das Öffnen eines Fensters. Sie wollte offenbar Selbstmord begehen und aus dem Fenster springen. Er musste schnell handeln, aber wie? Mayerhoff nahm alle Kraft zusammen, glücklicherweise war er kräftig gebaut, und trat mit voller Wucht die Tür ein.

»Frau Kohl!« Sie wollte springen, doch er konnte sie gerade noch daran hindern. »Sie sind vorläufig wegen Mordes festgenommen. Zweimal haben Sie sich verraten.« Eisern schwieg sie. »Erstens: Das Blut im Eingangsbereich Ihrer Wohnung kommt nicht vom Nasenbluten, sondern vom Blut Ihres toten Mannes, den Sie vermutlich kaltblütig von hinten erschossen haben. Zweitens: Sie wussten, dass er tot war, denn wenn Sie über ihn sprachen, sprachen Sie immer in der Vergangenheit. Das hat Sie verraten.«

Frau Kohl nickte nur stumm und fing hemmungslos an zu schluchzen. Doch sie wehrte sich nicht. Der Kommissar brachte Frau Kohl aufs Polizeirevier in der Aspacher Straße. Bevor die Frau in eine der drei Zellen inhaftiert wurde, fand ein erstes Verhör statt. Sie legte ein umfassendes Geständnis ab, das oft von Weinkrämpfen und Hustenanfällen unterbrochen wurde. Der Grund für ihr grausames Tun waren ihre Drogenabhängigkeit und ihre schweren Depressionen. Für ihre Drogen hatte sie kein Geld mehr, und der Moment schien ihr günstig, denn gerade war die Mutter ihres Ehemannes gestorben, und da deren Mann auch schon tot und Manuel Kohl ein Einzelkind war, erbte er alles, darunter viel Schmuck und Geld. Nach eigener Aussage hatte Frau Kohl den letzten Tagebucheintrag ihres Mannes gelesen und ihn dann, bevor er die Polizei einschalten konnte, so schnell wie möglich beseitigt.

Silke Kassner

Silke Kassner ist 19 Jahre alt, wohnt in Spiegelberg und hat in diesem Jahr ihr Abitur am Wirtschaftsgymnasium der Eduard Breuninger Schule gemacht und studiert jetzt Historik und Germanistik.
Die Kurzgeschichte schrieb sie anlässlich des 70-jährigen Endes des 2. Weltkrieges. Sie ist den Opfern des 1. und 2. Weltkrieges gewidmet, in erster Linie den gefallenen Soldaten.
Persönlich widmet sie die Geschichte vier Menschen aus ihrer Familie, die im 2. Weltkrieg getötet wurden:
Ihrem Urgroßvater Paul Kassner, † 62, sowie ihrem Großonkel, Wilhelm Riemann, † 25, Ewald Riemann, † 19, und Helmut Kassner, † 18.

Wir gratulieren ihr mit:
»Seele in Trümmern«
zum 3. Platz und wünschen ihr weiterhin viel Erfolg.

Der Preis wurde mit freundlicher Unterstützung gesponsert:

PARFÜMERIE
DORN
KOSMETIKINSTITUT
Uhlandstr. 10 · 71522 Backnang
Tel 07191-82780

Seele in Trümmern

Schüsse fliegen mir um die Ohren, Panzer bringen die Erde zum Beben. Um mich gesichtslose schwarze Schatten, verwundet, einige auch tot. Angst umschließt mein Herz, die Hände sind fest an den Lauf meines Gewehrs gepresst, plötzlich merke ich, dass sie voller Blut sind. Als ich versuche, es wegzuwischen, hält man mir plötzlich einen Lauf an den Kopf. Ein Knall ertönt.

Schweißgebadet schrecke ich aus meinem Traum hoch, brauche einen Moment, um mich zu sammeln. Er ist mir nicht unbekannt. Seit Wochen träume ich davon. Doch es handelt sich dabei nicht um eine Horrorgeschichte, die man Kindern zur Mahnung erzählt. Es ist der Krieg, der mich nicht gehen lassen will. Die schrecklichen Erinnerungen, die mich in ihrer Gewalt haben und mir einen Neuanfang unmöglich machen.

Langsam beruhige ich mich wieder, schaue zum Fenster. Nur ein schmaler Lichtstrahl hat seinen Weg hineingefunden, fast wie ein Scheinwerfer fokussiert er ausgerechnet mich. Lustig. Tatsächlich wird das heute mein Tag, mein Rampenlicht. Denn heute werde ich meinem Leben ein Ende bereiten. Wenn man überhaupt noch von Leben sprechen kann. Vielmehr werde ich den Schmerz, die Trauer und die Verzweiflung beenden. Mit der Ruhe verschmelzen, die mein Herz sich so sehr herbeisehnt.

Es wird Zeit.

Ich stehe auf und kleide mich an. Mein grauer Wehrmachtsmantel, die ramponierte Hose, meine Stiefel. Meine Kleidung. Die andere Kleidung rühre ich nicht mehr an, oder das wenige, was wir davon noch haben. Das bin nicht mehr ich. Und ich provoziere sie gerne. Die Leute auf der Straße, welche die heuchlerische Fröhlichkeit der

Wahrheit vorziehen. Die einfach weitermachen. Obwohl so viele zurückgelassen wurden.

Selbst meine eigenen Eltern bitten mich inständig, Ruhe zu geben. Man müsse nach vorne schauen. Kein Zweck zu klagen. Sie sahen die Welt nicht mit meinen Augen, sie tun leicht darin. Ich möchte schnell fort. Keine letzten Worte mehr, keine besorgten Blicke. Es tut zu sehr weh und würde mich nur vom Unausweichlichen zurückhalten.

Ich trete hinaus ins Freie. Die Sonne blendet mich, instinktiv senke ich den Kopf und ziehe mich in den Schatten der Bäume zurück. Mein letzter Gang beginnt. Das Ziel ist der Kirchturm. Ein öffentlicher Platz. Ich stehe nicht gerne im Mittelpunkt. Aber heute muss ich es sein. Mein Klageschrei wird von niemandem gehört. Wenigstens im Tod will ich ihnen das Wegschauen unmöglich machen. Sie sollen unser Leid sehen. Sie sollen es spüren.

Der Sommer ist eingekehrt. Der Himmel ist blau. Ich sehe Blumen blühen, ein Mädchen versucht, einen Strauß zu pflücken. Ihr linker Arm fehlt.

Ein altes Ehepaar kommt mir entgenen. Tuschelnd auf mich deutend. Ich erwidere ihre Entrüstung mit einem Blick kalter Abscheu.

Leichte Wolken schieben sich vor die Sonne. Ich biege nach rechts ab und befinde mich plötzlich auf einem Schulhof. Der Wind singt mir die vertrauten Klänge herbei, aufgeregte, tuschelnde Jugendliche. Wie von selbst greife ich mit der Hand in meine Jackentasche. Es klirrt. Fest umklammere ich die beiden Erkennungsmarken. Umklammere die Erinnerung an meine zwei besten Freunde. Helmut und Emil.

Komisch. Kaum ein Jahr ist es her, da waren wir drei ebenfalls Schüler. Der Krieg in weiter Ferne. Beängstigend, aber irgendwie auch spannend. Reizvoll zu kämpfen, umjubelt von Massen. Der Tod als Heldentum verschleiert. Im Vordergrund aber die typischen Probleme eines

Jugendlichen. Schule, Liebe, Identität. Wir haben immer gerne zusammen Fußball gespielt. Ein tolles Trio waren wir, immer füreinander da. Auch an der Front. Wir hielten zusammen, überstanden das Leid um uns herum und animierten uns gegenseitig stets zum Weitermachen. Bis alles zerbrach und die Scherben mir mein Herz zerschnitten.

Helmut wollte Tischler werden. Eher zurückhaltend, ein liebenswerter Kerl. Und ein guter Fußballspieler! War immer für mich da, wenn ich ihn brauchte. An jenem furchtbaren Tag im März war ich nicht für ihn da, ich konnte es nicht. Nur dastehen und zusehen, wie im Bruchteil einer Sekunde ein Teil von mir zu Boden fiel. Mein Schrei ging im Kugelhagel unter. Wir mussten ihn notdürftig beerdigen. An jenem Tag wurde in Emil und mir etwas vorher Marodes nun endgültig zerstört.

Unsere Gespräche wurden kürzer. Wir wussten keine Worte mehr zu finden. Bisher waren es Männer wie wir. Nun waren wir es selbst. Der Tod war uns auf eine andere Art nahegekommen. All diese Schicksale, ich konnte sie nicht mehr so einfach hinnehmen. So viele sah ich vorher schon fallen, mein Freund machte mir endgültig klar, was alles hinter ihren Namen stand. Was alles mit einem Schuss verloren gehen kann. Freunde, Brüder, einige von ihnen sogar Väter. Und jede Sekunde könnte dieses Schicksal einen anderen treffen. Womöglich sogar mich.

Doch ich hatte noch Emil, mein Glaube an Gott und mein Wunsch zu überleben waren ungebrochen. Versuche, Helmuts Tod einen Trost abzugewinnen, gelangen, wenn auch Kleinigkeiten ausreichten, meine Fassade zum Einsturz zu bringen, und Zweifel an der Barmherzigkeit jenes Gottes immer größer wurden.

Nicht viel später aber wurde mir auch mein zweiter bester Freund entrissen. Emil. Vorne auf der Bank hat er gerne gesessen. Verträumter Blick, im Gedanken bei Maria, seinem Schwarm. Schrieb gerne Gedichte, Geschichten. Wir haben ihn immer dafür aufgezogen. Auch als wir fort waren, habe ich ihn abends manchmal dabei beobachtet, wie er an einem Brief schrieb. Er musste ihn zerrissen haben. Ich habe keinen bei ihm gefunden. Er hatte sich doch nicht getraut. Meine Unterstützung hätte womöglich geholfen. Ein Bauchschuss. Hat Ewigkeiten gedauert, bis er verblutet war. Seine Schreie klingen mir auch heute noch in den Ohren. Sie machten mein Herz taub. Bis zuletzt hielt ich ihn im Arm und hoffte, Hilfe würde schnell kommen. Mein notdürftiger Verband hat nicht viel geholfen. Das Sterben wohl nur noch verlängert.

Zwei Vögel zwitschern im Baum. Eine Träne rollt mein Gesicht herunter. Komisch. Ich wusste nicht, dass ich zu einer solchen Emotion noch fähig bin. In mir ist alles so kalt und leer. Zerrissen.

Ich beobachte die Vögel, bis sie fortfliegen. Und auch ich setzte meine Reise fort. Weiter, weiter muss es gehen. Die Erinnerung hält mich zurück, doch das darf nicht sein. All die Blumen hier verschleiern den Blick vor der Wahrheit. Ebenso wie die Bewohner Backnangs. Ihr verlogenes Lächeln, das Entrüsten auf ihren Gesichtern, wenn sie meinen Mantel sehen. Die gespielte Fröhlichkeit, der Blick nach vorne. Unschön, durch mich ins Vergangene zurückgeworfen zu werden. Das alles kann nicht echt sein. Nein, das will ich nicht glauben. Nie mehr werden wir leben können, es ist doch zu viel Unglück über uns hereingebrochen, zu viel Unmenschlichkeit. Tief in ihrem Inneren muss die Dunkelheit wohnen. Sie wollen sie nur nicht wahrhaben. Stattdessen heben sie die Hand gegen die anderen.

Gegen uns Soldaten. Und gegen diejenigen, die nicht vor der Trauer weglaufen. Die ehrlich sind.

Habe ich für sie gekämpft? Ich weiß es einfach nicht. Je länger ich hier bin, desto häufiger frage ich mich, für wen oder was ich in den Krieg ziehen musste. Aber keiner kann mir diese Frage beantworten. Keiner will sie überhaupt hören. Wofür mussten wir sterben, selbst die Waffen heben gegen Menschen, die unter anderen Umständen unsere Freunde hätten sein können, ja sogar unsere Brüder? Diese Fragen quälen mich jeden Tag.

All die Toten umgeben mich wie eine Aura. Ich habe viele Gesichter vor Augen. Von dem Großteil kenne ich nicht mal den Namen. Trotzdem werde ich sie nie vergessen können. Ich ertrage die Verlogenheit der Menschen nicht.

Lieber laufe ich durch das ehrliche, das wirkliche Backnang. Dazu gehört die Ludwigsstraße, ebenso wie der Bahnhof. Hier fühle ich meinen Schmerz erwidert. Die Trümmer liegen noch immer. Unter ihnen begraben Kinder, Alte, Frauen. Nur langsam gehen die Arbeiten voran, und wenn es nach mir ginge, gar nicht. Würde es ihnen nicht ebenso ergehen wie uns? Werden die Trümmer entfernt, wird auch die Erinnerung entfernt. Dann ist alles vom Menschen fort.

Ich sitze gerne hier und spreche mit ihnen. Und ich kann spüren, dass sie mich verstehen. Ihr Klagen im Wind, im Rascheln der Bäume. Es ist ungemein tröstlich zu wissen, dass sie hier sind und mir zuhören. Und ich glaube auch, dass meine Besuche sie etwas trösten. An diesem Ort bedauert man. Ist ehrlich. Hier passe ich hin. Das Grau meines alten Mantels harmoniert hervorragend mit dem Grau der Steine und des Staubes. Und dem Grau der Seelen, die hierhin finden. Fast bin ich wie unsichtbar. Als wäre auch ich schon tot.

Es ist alles noch so frisch. Im April, so sagte man mir, wurden Bomben abgeworfen. Zur falschen Zeit am falschen Ort und „boom" – das Leben ist ausgelöscht. Wie gerne würde ich sie doch zurückdrehen, diese verfluchte Zeit. Weit zurück und wir machen alles besser. Noch vor die Urkatastrophe. Und wir können all das verhindern, was uns ins Chaos hineinstürzte. Friedlich leben, lachen, lernen. Alle miteinander. Und das Leid wäre uns fremd. Der Feind wäre Freund.

Aber so funktioniert das Leben nicht. Und wird es niemals. Wir sind Tiere. Die Natur sieht den Kampf vor.

Aufstehen. Weiter.

Zur Stadtmauer, dem liebsten Ort meiner Kindheit. Hier haben wir immer gerne in der Murr gebadet. Die alten Trauerweiden haben nie von ihrer Schönheit eingebüßt. Sie sind Zeugen der Geschichte, haben so manchen schon überdauert. Wie viel müssen sie schon gesehen haben? Und dennoch erwachen sie jedes Jahr von Neuem aus der Kälte des Winters und blühen zu neuer Stärke heran. Ich liebte es, auf ihnen zu klettern, die Enten zu füttern. Die Ruhe tut so gut.

An der kalten Stadtmauer streicht meine Hand entlang. Als ich näher ans Wasser herantrete, sehe ich mein Spiegelbild.

Lange ist es her, dass ich mir meiner so gewahr wurde. Der gleiche Mann wie früher und doch ganz anders. Die Gedankenlosigkeit ging verloren. Das sieht man mir an. Das Gesicht scheint um Jahre gealtert, den Augen fehlt dieser jugendliche Glanz. Diese Mischung aus Freude und Neugier über das, was noch geschehen mag. Ich streiche über meine Wange. Was ich sehe, wird bald nicht mehr sein.

Aber so ist es auch richtig. Der Schmerz wird heute enden. Ein Neuanfang ist unmöglich, in diesem Leben gibt es keine Hoffnung, kein Glück mehr. Die Trauerweide ist so schön. Gegenüber läuft ein altes Ehepaar. Ob meine Eltern wohl schon wach sind? Ein paar Schritte noch, dann bin ich am Marktplatz angelangt. Sie werden es schwer haben.

Der Kirchturm ist schon zu sehen. Ob es wohl wehtun wird? Ob der Fall lange dauert? Kühl ist der Wind. Und der Himmel zugezogen. Es wird wohl noch regnen. Komisch, dabei begann der Tag doch mit Sonne.

Mein Grab wird man kennen. Emil ließen wir einfach

zurück. Helmut liegt unter einer Linde.

Überall sind Leute. Ob die wohl was ahnen, sie schauen so komisch. Ich glaube nicht, dass mein Tod ihnen die Augen öffnen wird. Wie können sie damit leben, dass der eigene Sohn nie mehr nach Hause kommt? Meine Eltern brauchen kein Mitleid, wenigstens können sie Abschied nehmen.

Ich öffne leise die Eichentür und husche in die Kirche. So geheimnistuerisch. Es soll doch laut sein. Mein Ende. In dieser Zeit ist die Kirche immer offen, denn im Gegensatz zu mir vertrauen viele in dieser schweren Zeit noch auf ihren Gott.

Die Treppen knarren ganz schön. Altes Holz. Es mag wohl als Lästerung erscheinen, dass ich mir ausgerechnet das Haus des Herrn für meine sündhafte Selbsttötung ausgesucht habe.

Er ließ uns auf dem Feld allein. Unser Flehen ließ ihn ebenso kalt wie der Anblick Sterbender im Bombenhagel der Flieger. Eingepferchte, ermordete Menschen, denen der Atem geraubt wurde. Flüchtende vom Osten, Schlesier, Ostpreußen, Pommern und unzählige mehr. Verhungert, erfroren, aus der Luft attackiert. Traumatisiert. Das alte Leben hinter sich gelassen, kein Weg mehr zurück. Ungezählte Tränen. Ungetrocknet. Wunde Seelen.

Warum das alles? Warum hat er nicht eingegriffen, als das Böse uns beherrschte? Er hat es noch nie getan. Folglich gibt es ihn nicht, oder er ist böse.

In beiden Fällen kein Grund, die herrliche Aussicht nicht für die eigenen Zwecke zu nutzen. Hier oben bin ich dir doch ohnehin näher denn je. Vielleicht kannst du mich ja nun sehen. Spürst du meinen Zorn auf dich? Erhöre mich wenigstens jetzt.

Kinder, Gott, es waren deine Kinder. Wieso mussten sie sterben, wieso lässt du mich mit dieser Last leben? Bring sie zurück und nehme mich dafür. Mach mein Flehen wahr. Lass sie aus den Gräbern steigen, lass ihnen das Leben, das ihnen doch zusteht. Sie hatten es sich so gewünscht, im Graben, im Kugelsturm. Alles, was wir wollten, war überleben, zurückkehren zu denen, die wir lieben. Wieso darf ich leben, während sie tot sind?

Alles sieht so klein aus von hier oben. Am Himmel die Wolken, es ist viel leichter, sich Engel vorzustellen, wenn es bewölkt ist.

Mein Fuß ist schwer wie Blei, lässt sich kaum anheben. Alles in mir ist taub.

Ich sehe nach unten, niemand schaut hoch. Das Stadttreiben nimmt seinen Lauf. Egal, wie viele sterben. Es geht immer weiter. Immer weiter. Ich fühle mich ihnen fremder denn je. Ich kann nicht weitermachen. Wie? Der Lichtstrahl hat gelogen. Ich stehe nicht im Mittelpunkt. Niemanden interessiert mein Schicksal.

Meine Eltern schon. Sie haben es so sehr gehofft, dass ich zurückkehre. Ich hab meine Briefe wiederentdeckt. Sie bewahren jeden einzelnen in der kleinen Pappkiste unterm Bett auf. Vaters Freudentränen, als er mich in den Arm nahm. Sein einziger Sohn. So langsam werde ich wütend. Der Tod ist das einzig Richtige. Innerlich bin ich es doch schon längst. Was nutzt den Eltern eine wandelnde Leiche? Findet euch ab.

Das Bein lässt sich anheben, ganz leicht. Ein tiefer Atemzug noch. Ich schließe die Augen. Mein Herz schlägt wie wild. Ich zittere am ganzen Körper. Ich will schreien, doch meine Kehle bringt keinen Laut hervor. Wer würde ihn hören?

Ein Regentropfen tropft auf mein Gesicht. Ich zucke zusammen und öffne die Augen wieder. Die Wolken sind dunkler geworden, der Wind wird stärker. Gott, ist das dein Zeichen?

Ich muss springen. Nein, es gibt dich nicht. Dann sind die Erinnerungen weg, für immer. Die Wange wird wieder nass. Kein Regen. Tränen. Sie sind tot. Ich werde sie nicht mehr lachen hören. Sie sind tot. Und sie sahen dieses Ende herbeikommen.

Nie habe ich euch gesagt, wie sehr ich euch liebe. Es lässt sich unmöglich in Worte fassen. Ihr fehlt so sehr in dieser Stadt, ich verstehe nicht, wie die Sonne noch scheinen kann. So viele Wunden, die nie mehr geschlossen werden. Jeder Tag beginnt mit euch, jeder Abend endet ebenso.

Meine Hände packen das Geländer an. Mein Bein schwingt hinüber. Ich komme zu euch. Unten bringen die Menschen sich vom nahenden Regen in Sicherheit. Niemand sieht hoch. Als wolle er mich meiner Zuschauer berauben.

Plötzlich zwitschern. Die zwei Vögel von vorhin. Da sind sie, einer setzt sich direkt neben mich aufs Geländer. Schaut zu mir. Gilt er wirklich mir, dein Blick?

Komm, lass doch den Vorwurf sein. Höre mich an, du hast so etwas Liebes an dir. Deine Knopfaugen schauen so treu.

Ich strecke die Finger nach dir aus, doch du hebst wieder ab. Umkreist meinen Kopf, segelst mit deinem Partner nach unten.

Lasst mich nicht allein, bleibt bei mir. Lasst mich erklären warum. So kann ich doch nicht gehen. Mit diesem Vorwurf.

Ich steige zurück übers Geländer und renne die Treppen des Turmes hinab. In den Hinterhof, da sind sie hingeflogen. Da müssen sie sein. Da muss auch ich hin. Doch unten finde ich sie nicht mehr. Sie sind fort. Enttäuscht will ich mich abwenden, da fällt mir ein Junge auf. Er hat meine Suche beobachtet, schaut neugierig zu mir. In den Händen einen Löwenzahn. Ein Leuchten in den Augen. Keine Spur von Abscheu. Stattdessen Liebe und Wärme. Vertrauen? Warum?

Was er da mache, frage ich ihn. Ob er den Regen nicht bemerkt habe, was der Löwenzahn solle.

Der Junge senkt schnell den Blick. Das Leuchten erlischt. Es dauert, bis er mir antwortet.

»Ich warte auf jemanden.«

»Und das im strömenden Regen? Wie leichtsinnig setzt du deine Gesundheit aufs Spiel, mein Junge? Du holst dir noch den Tod.«

»Soll er doch kommen ... im Himmel ist es bestimmt schöner als hier.« Tränen kullern die kleinen Wangen hinunter.

Zaghaft lege ich ihm die Hand auf die Schulter. Mehr vermag ich nicht zu tun. Wie geht man nun mit so was um? Fieberhaft arbeitet es in meinem Kopf. Doch schon die Berührung scheint zu helfen. Er schaut auf, sieht mich aus tränennassen Augen an.

»Die Blume ...«, zögernd dreht er sich weg. Wohl ungewiss, ob er sich mir anvertrauen kann. »Mein Bruder hat heute Geburtstag.«

»Und du wartest hier im strömenden Regen?« Ich glaube zu wissen, worum es geht, doch hoffe ich inständig, mich zu irren.

»Er ist da oben. Vor sieben Monaten kam der Brief, ... da stand es drin.« Erneut kullern Tränen. »Hier ist doch Gott zu Hause! Ich dachte, ... wenn er meine Blume sieht, dann gibt er ihm Bescheid. Und als du dann um die Ecke kamst ...«

Ich lege den Arm um ihn.

»Da dachte ich ...«, er sieht mir in die Augen und fährt flüsternd fort, »... da dachte ich, er hätte ihn wieder zurückgebracht.«

»Weißt du, Junge ...«, merkwürdig, wie feucht nun auch meine Augen sind. »Dein Bruder kann nie mehr zurück ... nicht leiblich. Aber da oben ...«, meine Stimme bricht ab.

Die Tränen fließen, als ich an Helmut und Emil denke.

»Da oben schaut er auf dich herab. Und ist überglücklich, dass du an ihn denkst. Noch glücklicher aber wäre er, wenn er dich wieder strahlen sehen könnte.« Ich wische die Tränen weg.

»Hast auch du jemanden verloren?« Er drückt sich an mich.

»Oh ja ... das habe ich.«

Neben mir raschelt es und ich sehe wieder das Vögelchen direkt neben mir. Ein Lächeln breitete sich auf meinem Gesicht aus und die Tränen der Trauer weichen Freudentränen. Darüber, sie gekannt zu haben. Diejenigen, die ich liebte.

»Ich werde sie niemals vergessen.« Zum Himmel gewandt fahre ich fort. »Und mein Leben lang im Herzen bei mir tragen. Denn anders hätten sie es nicht gewollt.«

Nach einer Pause des Schweigens schaue ich wieder zum Jungen.

»Und du, Kleiner? Du hast von nun an mich. Und kannst dich darauf verlassen, dass ich dich nicht alleine lassen werde.«

Der Tag begann mit Sonne und endete mit Regen. Doch die Sonne in meinem Herzen ist heute erwacht. Niemals wird das Geschehene vergessen werden. Doch wir werden es überwinden. Das sind wir denen schuldig, die uns viel zu früh verließen. Und die nichts mehr wünschen, als uns wieder lachen zu sehen.

Salome Kößner

Salome Kößner ist fast 14 Jahre alt und geht in die achte Klasse in der Max-Eyth-Realschule in Backnang. Seit fast sieben Jahre spielt sie Tennis, außerdem schreibt sie in ihrer Freizeit Geschichten oder Drehbücher. Sie liest gerne und trifft sich mit ihren Freunden. Bereits im vergangenen Jahr hat sie beim Schreibwettbewerb der »Backnang Stories« mitgemacht, hat es mit ihrer Geschichte aber ganz knapp nicht mehr ins Buch geschafft. Darum freuen wir uns mit ihr, dass es diesmal geklappt hat.

Warum du?

Mein Name ist Josy, ich bin 14 Jahre alt und gehe in Backnang auf die Max-Eyth-Realschule.

Mein großer Bruder heißt Nick und ist sechzehn. Mit ihm verstehe ich mich richtig gut. Genau wie mit seiner Band, in der er Gitarrist und Sänger ist. Und die nebenbei auch seine Gang bildet. In der „North Side Gang" hat er das sagen, aber er will mich nicht immer mitnehmen, obwohl es immer spannend ist. Jetzt sind sie zu fünft. Da hätten wir Max, den Schlagzeuger der Band. Anna, die Sängerin und Freundin meines großen Bruders. Und Stephan, den Keyboarder. Und ... das wird noch nicht verraten. Aber wie es dazu kam, das will ich euch jetzt erzählen.

Die Band meines Bruders heißt also „North Side Gang". Denn Backnang ist zweigeteilt, oberhalb und unterhalb der Murr. Der untere Teil gehört den „South Side Banditos".

Denkt jetzt nicht, dass sie die ganze Zeit mit Sombreros und Rasseln rumrennen und auf Eseln reiten. Nein, sie sind wirklich gefährlich. Der Anführer der „South Side Banditos" heißt Elvis und ist ebenfalls sechzehn. Außerdem gehören noch Hardy, Marc und Rolf dazu.

Es fing alles damit an, dass ich und meine Freundin Klara in der Stadt waren. Wir schlenderten durch die Fußgängerzone. In einem Laden sah Klara ein tolles Shirt hängen. Als sie mich in den Laden ziehen wollte, sah ich ein schwarzrotes Band. Das war das Abzeichen der Banditos. Es war Hardy mit irgendeinem Jungen. Ich sah ihn nicht richtig. Die beiden stiegen gerade von ihren Rollern, auf denen das Zeichen lackiert war.

Wieso treiben die sich hier im Gebiet meines Bruders rum?
Ich nahm mein Handy und wollte ihn anrufen, aber er war nicht zu erreichen. Hier stimmte was nicht.

»Was machen die denn hier? Und wer ist der gut

aussehende Junge neben Hardy?«, fragte mich Klara neugierig.

»Ich weiß es nicht, ich muss auf jeden Fall Nick Bescheid geben. Sorry Klara, das Shoppen holen wir nach. Ich muss jetzt los«, rief ich Klara beim Weggehen zu.

Ich schloss mein Fahrrad los und radelte so schnell ich konnte zu der alten Scheune, in der die „North Side Gang" ihren Proberaum und ihr Hauptquartier haben, doch es war niemand da. *Also ab nach Hause.*

Ich schloss die Haustür auf und rief nach meinem Bruder. Ich rannte die Treppen herunter und lief gegen Nicks Tür, weil ich vergessen hatte, die Türklinke zu drücken. Beim zweiten Anlauf ging die Tür auf.

Nick war nicht allein. Seine Freundin Anna war auch da. Die beiden lagen aneinander gekuschelt auf Nicks Bett und schauten einen Film.

»Kannst du nicht klopfen?«, schrie Nick mich an.

»Sorry, Brüderchen. Hardy und ein anderer Typ sind in eurem Teil der Stadt.«

»Warum hast du mich nicht angerufen?« Nick sprang auf, auch Anna bewegte sich Richtung Tür.

»Hab ich, aber du bist nicht rangegangen.«

Nick seufzte und zog Schuhe und seine Lederjacke an. Anna tat das Gleiche. Auf dem Rücken der Jacken stand „North Side Gang". Ebenfalls aufgestickt war ein Blitz, bei dem die obere Seite mit einem Dreieck umrahmt war. So eine Jacke hat jeder aus Nicks Gang. Gemeinsam stürmten wir aus dem Haus.

»Wo waren Hardy und der andere, als du sie gesehen hast?«, fragte Anna.

»Beim Poco Loco an der Bleichwiese«, antwortete ich.

Nick schrieb schnell eine Nachricht an die anderen Mitglieder der Gang und stieg dann zusammen mit Anna auf seinen Roller.

»Ich will auch mit!«, rief ich.

»Du bleibst hier, das ist zu gefährlich«, sagte Nick und fuhr los.

Ich stand einen Moment da, dann aber stieg ich auf mein Rad und radelte ihnen hinterher.

Als ich auch beim Poco Loco ankam, sah ich Nick, Anna, Max und Stephan. Sie standen Hardy und dem Jungen gegenüber. Klara hatte Recht, so schlecht sah er nicht aus.

»Was wollt ihr hier, Hardy?«, fragte Max böse.

»'Ne Cola trinken«, antwortete Hardy frech. Nick ging einen Schritt auf Hardy zu, aber Anna hielt ihn zurück.

»Hardy, verschwinde einfach und nehm den Kleinen auch gleich mit«, riet sie ihm.

Hardy aber grinste provokant und blieb stehen. Er schaute mich an.

»Hübsche Sis hast du.«

Ich erschrak, als ich merkte, dass mich alle anstarrten.

»Was?«, fragte ich. Als ich alle nacheinander angeschaut hatte, fielen mir das erste Mal die schönen blauen Augen des fremden Jungen auf. Fragend schaute ich zurück.

Nick ging auf Hardy zu und zog ihn an seinem T-Shirt.

»Ich weiß, dass meine Schwester hübsch ist, aber wenn du noch einmal irgendetwas über sie sagst, dann setzt es was, kapiert?«

»Nick ...«, doch Nick fiel mir ins Wort.

»Du bist ruhig. Eigentlich solltest du gar nicht hier sein.«

Plötzlich hörte man Motorengeräusche näher kommen. Es waren mehrere Roller mit Elvis, Rolf und Marc. Sie stellten sich zu Hardy und dem anderen Jungen.

»Marvin, geh nach Hause«, befahl Elvis dem Jungen. Dieser gehorchte, stieg auf seinen Roller und fuhr weg.

Jetzt standen sich die „South Side Banditos" und die „North Side Gang" gegenüber.

Elvis und Nick gingen beide einen Schritt nach vorne.

»Was wollt ihr hier?«, fragte Nick wütend.

»Wir wollen euren Teil von Backnang«, sagte Elvis.

»Und wir wollten 'ne Cola«, setze Hardy noch frech hinzu und Elvis grinste.

Nick ging noch ein Stück auf Elvis zu, dieser reagierte darauf, indem er ohne Warnung zuschlug. Nick wankte zurück. Dann gingen alle aufeinander los. Es gab eine heftige Rangelei. Einer der Passanten musste die Polizei gerufen haben, denn Sirenen waren plötzlich in der Ferne zu hören.

»Scheiße, die Bullen. Schnell weg!«, schrie Rolf. Alle rannten zu ihren Rollern und fuhren davon. Ich stand zuerst nur geschockt da. Dann rannte ich zu meinem Fahrrad und raste nach Hause. Als ich dort ankam, traf ich vor dem Haus auf die ganze „North Side Gang".

»Wo warst du?«, schrie Nick mich an.

»Ich bin einen Umweg gefahren, damit die Polizei mich nicht erwischt.« Ich drehte mich um und ging in mein Zimmer. Dort legte ich mich auf mein Bett und dachte nach.

Irgendwie ging mir der Junge vom Mittag nicht mehr aus dem Kopf.

Marvin. Marvin passte zu ihm. Mann, warum denk ich so viel über diesen Typ nach? Bin ich etwa verknallt? Nein, nein, nein, das kann nicht sein. Von nur einmal sehen kann man sich doch nicht verlieben, oder? Er hat schon voll die süßen Augen, aber nee, verliebt bin ich trotzdem nicht.

Ich hörte, wie Nick sich von den anderen verabschiedete. Ich ging zur Haustür. In diesem Moment ging sie auf und Nick stand vor mir. Er war allein.

»Du, Nick, wer war eigentlich dieser Junge, den Elvis weggeschickt hat?«, fragte ich, während ich ihm in die Küche folgte. »Ich glaube, das ist Elvis' kleiner Bruder. Der ist ungefähr ein Jahr älter als du.« Nick machte den Kühlschrank auf und holte eine Flasche Eistee heraus. Er öffnete den Schrank mit den Gläsern. »Willst du auch?«

»Ja gern. Wo kommt dieser Marvin plötzlich her? Ich hab den noch nie gesehen!«

»Keine Ahnung. Warum willst du das denn alles wissen?«

Nick schenkte ein und schaute mich dann an.

»Nur so. Hat mich halt interessiert«, sagte ich und trank einen Schluck.

»Er hat dich nicht zu interessieren. Er ist einer der anderen, egal wie nett er zu dir ist. Rede nicht mit ihm und lass ihn erst gar nicht an dich ran. Kapiert?« Er schaute so streng, da wusste ich, ich sage jetzt lieber nichts Falsches.

»Was denkst du von mir? Jeder, der mit Elvis irgendwas zu tun hat, muss doch total dumm sein!«

Nick sah mich noch intensiver an, als würde er etwas ahnen, oder als Warnung.

Aber er kannte Marvin doch gar nicht. Okay, ich auch nicht, aber wer weiß, vielleicht ist er ja doch ganz nett.

Es klingelte an der Tür. Ich stand auf und öffnete. Marvin stand davor.

»Hallo!«, räuspernd streckte er mir meinen Verbundpass entgegen.

»Ähm, danke«, entgegnete ich verlegen.

»Josy, wer ist es denn?«, rief Nick aus der Küche.

»Niemand, nur die Post. Ich komm sofort wieder.« Ich schob mich nach draußen und zog die Tür hinter mir zu. »Woher hast den denn?«

Marvin hatte so schöne Augen. *Josy! Reiß dich zusammen.*

»Er lag vor dem Poco Loco«, sagte er und sah mir dabei in die Augen. Sie leuchteten vor Aufregung. »Ähm ... ich wollte fragen, ob du heute noch was vorhast?«

»Außer mich zu Tode langweilen eigentlich nicht. Warum?«

»Weil ich dachte, wir können heute noch was zusammen unternehmen. Ich hab dich heute Mittag schon vor dem Poco Loco gesehen und wusste, dass ich dich unbedingt wiedersehen will.«

Als er das sagte, merkte ich, wie ich plötzlich rot wurde. *Sollte ich ja sagen? Aber er war Elvis' Bruder! Konnte ich ihm vertrauen?*

»Okay! Was wollen wir machen, ohne dass es unsere Brüder mitbekommen?«

»Weiß nicht, aber du musst mir unbedingt das mit dieser Gang-Sache erklären, ich kapier das nicht so wirklich.«

»Klar. Kann ich machen. Ich hol noch schnell meine Jacke und melde mich ab.« Marvin nickte.

Ich drehte mich um, verschwand im Haus und nahm meine Jacke von der Garderobe.

»Bin noch mal weg!«, rief ich.

»Warte ...«, hörte ich noch, zog aber rasch die Tür zu.

»Es kann losgehen«, rief ich und zog meine Jeansjacke an.

Marvin lächelte. Er lehnte an seinem Roller und streckte mir einen Helm entgegen. Als ich hinter Marvin aufstieg, hatte ich ein komisches Gefühl im Bauch. Er fuhr durch Backnang. Danach aus Backnang raus und an Feldern und großen Wiesen vorbei. An einer kleinen Lichtung hielt er an und wir stiegen ab. Die Sonne stand tief am Himmel. Ich staunte, es war echt schön hier. Die Bäume erstrahlten in einem leuchtenden Grün. Es war still, man hörte nur ab und zu einen Vogel zwitschern. Es war einfach wunderschön.

»Ist es nicht schön hier?«, fragte Marvin.

»Ja, wirklich schön. Aber wie entdeckt so ein Typ wie du so ein Fleckchen?« Ich hatte ein breites Grinsen auf den Lippen.

Er lachte. »Als ich hierher kam, hab ich ab und zu meine Ruhe gebraucht.«

»Hä? Warum? Ist es so schlimm bei dir zu Hause?« Ich schaute ihn fragend an, doch Marvin sah nur auf den Boden. »Okay, du musst es mir nicht sagen. Wir kennen uns ja kaum.«

Marvin schaute auf. »Meine Mutter ... sie ist ... sie ist vor einem halben Jahr an Krebs gestorben. Seitdem lebe ich bei meinem Vater und Elvis. Meine Eltern haben sich kurz nach meiner Geburt getrennt und ich bin bei meiner Mutter in Berlin aufgewachsen.«

»Oh, das wusste ich nicht. Das tut mir leid.«
Wir schauten dem Horizont entgegen. Die Sonne ging langsam unter. Es wurde später und später. Marvin und ich unterhielten uns und lachten viel. Als es schon dunkel war, brachte er mich nach Hause.
»Danke fürs nach Hause bringen.«
»Gern. Ich fand den Abend echt schön. Müssen wir wiederholen.«
»Gerne! Ciao.« Ich ging auf die Haustür zu.
»Ciao«, rief er mir noch hinterher und fuhr los. Als ich die Tür öffnete und hineinging, war ich richtig glücklich.
»Hallo!«, rief ich in Richtung Wohnzimmer.
»Hallo Josy, hattest du einen schönen Abend?«
»Hallo Papa, ich hatte einen wunderschönen Abend. Nur jetzt bin ich echt müde.« In dieser Nacht träumte ich von diesem ganz besonderen Abend.

Als ich am nächsten Morgen erwachte, hatte ich immer noch fürchterlich gute Laune.
Nach einem schnellen Frühstück wollte ich gerade gehen, als es klingelte.
»Ich mach auf«, rief ich.
Als ich öffnete, staunte ich nicht schlecht. Es war Marvin, der mich für die Schule abholen wollte.
»Ciao, ich bin weg«, rief ich über die Schulter.
»Morgen«, sagte ich zu Marvin und zog die Tür zu.
»Hey, ich hab gedacht, ich hol dich ab. Du bist doch auch auf der Max-Eyth?« Marvin lächelte mich an.
Wir fuhren zur Schule. Als wir ankamen, stieg ich schnell ab, drückte Marvin den Helm in die Hand und küsste ihn auf die Wange.
»Danke fürs Mitnehmen. Hoffentlich hast du nach der Schule noch nichts vor? Nach der vierten Stunde hier, okay?«
Er nickte.

Die Schulstunde hatte schon begonnen, als ich klopfte. Ich trat ein und alle schauten mich an.

»Sorry, hab verschlafen«, sagte ich und ging auf meinen Platz neben Klara. Als ich mich neben sie setzte und meine Sachen rausholte, grinste sie mich von der Seite an.

»Was ist?«, flüsterte ich genervt.

»Nichts«, sagte sie leise.

»Dann ist ja gut!«

Später hatten wir Pause. Marvin stand mit seinen Klassenkameraden auf der anderen Seite des Pausenhofs. Nick war auch in der Schule. Er kam auf mich zu.

»Morgen, gut geschlafen?«, fragte ich ihn.

»Ja klar. Und du? Was hast du gestern so gemacht?«

»Ähm, ich war mit Klara draußen. War voll cool.« Ich warf Marvin einen Blick zu, er lächelte mich an. »Okay, ich muss los. Sind Mum und Dad eigentlich nachher zu Hause?«

»Nee, aber du brauchst mit dem Essen nicht auf mich zu warten. Ich komm nicht, wir haben Bandprobe.«

»Okay.« Ich ging davon und zu Klara. »Also, falls jemand fragt, ich war gestern Abend bei dir, ja?«, sagte ich.

»Ja klar, wir waren zusammen draußen! Und wo warst du in Wirklichkeit?«

»Sag`s bitte niemandem, und auf gar keinen Fall Nick, der bringt mich um. Ich war mit Marvin unterwegs! Er wollte mir eigentlich nur meinen Verbundpass bringen, den ich verloren hatte.« Und dann erzählte ich Klara alles, was gestern passiert war.

»Ich hab gesehen, wie er dich zur Schule gebracht hat, und hab mich schon gefragt, wieso du ihn auf die Wange küsst.«

»Was? Ich hab ... verdammt, hab ich ihn wirklich auf die Wange geküsst?«

»Ja, hast du«, sagte Klara lachend und zog mich wieder ins Schulgebäude, denn es hatte geklingelt.

Nach den nächsten zwei Stunden hatten wir aus. Ich ging

zu dem ausgemachten Treffpunkt. Marvin kam ebenfalls.

»Hi, was machen wir jetzt? Wir könnten wieder auf die Lichtung fahren.«

»Könnten wir. Oder wir gehen zu mir. Bei mir ist niemand, auch mein Bruder nicht.«

»Okay, dann los!«

Ich stieg hinter ihm auf und wir fuhren zu mir. Ich schloss die Tür auf und wir gingen in die Küche.

»Willst du was trinken?«, fragte ich.

Marvin nickte und schaute sich um. Ich stellte ihm ein Glas Eistee hin und trank selber aus meinem Glas, das ich in der Hand hielt.

»Was wollen wir machen?«, fragte er.

»Keine Ahnung!«

»Hast du `nen Film da?«

»Klar. Was willst du denn sehen?«, fragte ich.

»Hast du einen Horrorfilm?« Marvin schaute mich an.

»Ähm, denk schon.«

»Wollen wir den schauen?«, fragte er.

»Naja, weiß nicht. Ich schau nicht so gern Horrorfilme.«

»Komm schon! Ich beschütz dich. Du kannst auch so laut schreien, wie du willst.«

»Okay«, ich zwang mich zu einem Lächeln.

Zunächst war der Film ganz gut. Ich saß neben Marvin auf dem Sofa. Ich schrie nur manchmal, aber als Marvin sah, dass ich zitterte, nahm er meine Hand. Schon war es nicht mehr so schlimm. Nach dem Film schaute er auf die Uhr.

»Ich muss los.«

»Schade. Ich komm noch mit raus.«

Er zog seine Schuhe an und ich folgte ihm zu seinem Roller. Gerade als er mir einen Kuss auf die Wange drückte, kam Nick in die Einfahrt gefahren. Ich schreckte zurück. Nick stieg schnell ab und kam auf uns zu.

»Geh lieber, sonst gibt's Ärger.«

Schnell stieg Marvin auf und fuhr weg.

»Was wollte der denn hier?«, sagte Nick unfreundlich.

»Nichts!«

»Josy, was willst du mit so einem? Marvin ist nichts für dich. Der ist genau wie Elvis. Der verarscht dich nur. Lass ja die Finger von ihm. Ich will dich nie wieder mit dem sehen. Ich verbiete dir den Kontakt zu ihm.«

Was spielte er sich so auf? Er hatte mir gar nichts zu sagen!

»Meine Freunde darf ich mir doch wohl noch selber aussuchen, oder? Denn du hast mir gar nichts zu sagen. Kapiert?«, brüllte ich ihn an und rannte ins Haus.

Man, das kann doch nicht wahr sein. Marvin ist nicht wie Elvis. Er ist viel netter und cooler! Marvin sah nach Nicks Ansage ziemlich erschrocken aus. Ich musste dringend noch einmal mit ihm reden. Sofort!

Ich machte mich auf die Suche. Ich fuhr einfach im südlichen Backnang herum. Hier irgendwo würde ich ihn schon finden. Irgendwann hörte ich laute, bekannte Stimmen.

Da sind sie! Ich stieg vom Fahrrad und ging näher ran. Als Marvin mich entdeckte, wollte er mich wegscheuchen. Doch zeitgleich entdeckte mich Elvis.

»Na sieh mal einer an! Die Sis von diesem Oberspacken Nick.«

»Was macht die denn hier?«, fragte Hardy.

»Lauf weg, Josy!«, rief Marvin.

Ich drehte mich um und wollte wegrennen. Doch Elvis und Hardy verfolgten und packten mich.

»Lasst mich los! Ich hab euch nichts getan. Ich kann nichts dafür, dass du meinen Bruder nicht leiden kannst«, schrie ich Elvis an. Doch ich konnte mich nicht befreien und hatte furchtbare Angst.

»Was willst du hier? Hat dein Bruder dich geschickt?«, schrie er mich an.

»Nein, hat er nicht. Lass mich los!« Ich warf Marvin einen Hilfe suchenden Blick zu.

»Elvis, lass sie frei. Sie hat doch gar nichts gemacht!«, sagte Marvin streng.

»Aber was will sie dann hier?«

Marvin schluckte. »Sie ist wegen mir hergekommen.«

»Was?«

»Ja, lass sie jetzt los. Elvis!«

»Marvin, ist das dein Ernst? Ich hab dich hier bei uns aufgenommen und du fällst mir wegen 'ner *Tussi* in den Rücken?« Elvis war entsetzt.

»Sie ist meine *Freundin*! Jetzt lass sie gehen! Ich mach alles, was du willst.«

Plötzlich hörte man, wie sich Roller näherten. Es war die „North Side Gang". Mein Bruder musste wohl gemerkt haben, dass ich ausgerissen war. Er hatte mich gesucht und nun gefunden.

Elvis ließ mich los. Ich lief zu Marvin und umarmte ihn.

»Josy! Geht's dir gut?«, fragte Nick, als er von seinem Roller gestiegen war.

»Ja, alles gut«, rief ich. Ich zitterte nicht nur vor Kälte. Dort, wo mich Elvis grob festgehalten hatte, war mein Handgelenk blau.

»Was macht ihr hier?«, fragte Elvis.

»Wir wollen nur meine Schwester zurück!«, schrie Nick.

»Die könnt ihr haben!«

»Josy, komm her«, sagte Max.

Ich löste mich von Marvin, griff nach seiner Hand und zog ihn mit zu Nick.

»Halt! Marvin bleibt bei uns!«, sagte Elvis.

»Nein, werde ich nicht! Ich geh mit Josy.«

So gingen wir gemeinsam zu Nick und seiner Gang hinüber.

Elvis und seine Banditos schauten uns nur fassungslos nach.

Ich stieg hinter Marvin auf. Dann fuhren wir mit der „North Side Gang" in deren Hauptquartier.

Marvin schaute sich dort neugierig um und entdeckte die Instrumente.

»Seid ihr auch eine Band?«, fragte er. »Ich spiele auch ein wenig Gitarre.«

Nick musterte Marvin. »Willst du mal mitspielen? Wir suchen noch einen guten Mann. Du kannst deine Chance haben, aber nach unseren Regeln.«

»Okay, du bist jetzt der Chef.« Marvin lächelte. Dann drehte ich mich zu ihm um und küsste ihn.

Und darum sind sie nun zu fünft.

Tanja Kummer

Tanja Kummer wurde 1976 in Gunzenhausen geboren, wuchs aber in Backnang auf und lebt auch heute wieder in dessen Umfeld.

Das Schreiben von Geschichten war schon immer ihre große Leidenschaft. Im Jahr 2006 erschien erstmals ein Roman von ihr. Mit »Die Weltenwandlerin« begann das Fantasy Epos rund um das Königreich Tybay, spann sich im »Der Weltenbezwinger« weiter und findet im »Der Weltenwandler« seinen Abschluss. In ihren Romanen erschafft Tanja Kummer eine eigene Fantasy Welt ohne Orks, Trolle oder Zwerge. Eine gefühlvolle Liebesgeschichte, die von Krieg, Not und Abenteuern begleitet wird.

Alle drei Romane sind beim Leseratten Verlag direkt, oder bei der Buchhandlung Kreutzmann in Backnang vorrätig.

Zusammen mit dem Leseratten Verlag entwickelte sie ein Konzept für eine Mystery-eBook-Serie. Protagonist ist der Hexenmeister Jakob Wolff, der aufgrund eines missglückten Zauberspruchs nun verflucht ist. Nun muss er dem Teufel, jedes Jahr ein neues Opfer bringen, um weiterleben zu können. In der Reihe »Hexenmeister Jakob Wolff« sind bereits vier Bände erschienen, drei davon stammen aus der Feder von Tanja Kummer.

Außerdem hat sie in verschiedenen Anthologien zahlreiche weitere Veröffentlichungen. Ein Besuch ihrer Webseite lohnt sich:

www.tanjakummer.de

Backnangs Superheld

Mark Wöhrle studierte die Fallakte, während sie ins Krankenhaus nach Winnenden fuhren.

Sein Partner, Fritz Keller, fuhr. Er fuhr immer. Zumindest seit Marks Beinahunfall vor zwei Monaten, kurz vor Weihnachten. Mark wünschte sich, es hätte an der glatten Fahrbahn gelegen. Tatsächlich aber war wahrscheinlich der Restalkohol schuld gewesen. Fritz hatte ihm damals die Hölle heiß gemacht.

»Verdammt, Mark! Mach so weiter! Ruinier deine Karriere, aber lass mich da raus«, hatte er gebrüllt. »Ab sofort fahre ich! Keine Widerworte, sonst melde ich dich. Verdammter Idiot.«

Er war nicht so, dass sie sich nicht verstanden. Im Gegenteil. Sie waren seit mehr als fünfzehn Jahren Partner. Und wenn es nach ihm ging, dann würde das bis zur Rente so bleiben. Sie kannten die Marotten des anderen genau. Zudem waren sie ebenfalls privat füreinander da. Das war wohl auch der Grund, warum Fritz ihn nicht gemeldet hatte. Fritz verstand, was Mark durchmachte.

Laura, Marks Frau, war letztes Jahr im Sommer gestorben.

Nicht einfach so. Auch nicht an einer Krankheit. Nein. Ein betrunkener Autofahrer hatte sie bei einer Shoppingtour umgefahren. Sie war sofort tot gewesen. Regina, die Freundin, mit der Laura unterwegs gewesen war, erzählte jedem, der es hören wollte, wie heldenmutig Laura vorgesprungen war, um sie aus dem Gefahrenbereich zu stoßen.

Mark hatte keinen Kontakt mehr zu Regina. Er konnte und wollte nicht. Und ehrlich gesagt verspürte er auch keine Schuld, wenn er sich wünschte, dass Regina an dem Tag totgefahren worden wäre und nicht seine geliebte Laura. Denn dann wäre sie noch hier. Bei ihm. Und seine Welt wäre noch in Ordnung. Er könnte noch schlafen und hätte kein Alkoholproblem. Letzteres war sowieso paradox. Man sollte meinen, er würde die Finger vom Alkohol lassen. Immerhin hatte dieser seine Frau getötet. Doch Mark mochte den Schleier der Gleichgültigkeit und des Vergessens, den übermäßiger Konsum ihm schenkte.

Ihre Wohnung, die Laura geliebt und gepflegt hatte, war zu einem Ort der Trostlosigkeit verkommen. Ihre Blumen waren gestorben, genau wie sie. Und Mark zog nichts dorthin, außer zu den Dingen der Notwendigkeit. Zumeist aber schlief er irgendwo anders. Ab und an auch auf dem Stuhl in seiner Stammkneipe. Meistens konnte er sich hinterher nicht mehr daran erinnern.

Mark war nicht stolz auf sich. Jeden Tag versuchte er etwas zu finden, das ihm neuen Lebensmut schenken könnte. Damit wollte er ihren Tod überwinden und von Neuem beginnen. Doch die Dunkelheit und der Kummer in seinem Innersten ließen kein Licht und keine Hoffnung in sein Herz.

Mark hatte keine Familie, die ihm Halt geben konnte. Lauras Familie war freundlich und versuchte, ihn zu trösten. Doch er hielt es mit ihnen wie mit Regina. Er wollte keinen Kontakt. Er wollte Laura. Erst mit ihr hatte er richtig gelebt. Das Leben war unfair.

Lediglich seine Arbeit schenkte ihm Ablenkung vom Alltag. Denn seit ein paar Monaten hatte es die Polizei mit einem Serientäter zu tun, der hier in Backnang sein Unwesen trieb.

Nun, Serientäter war eigentlich die falsche Bezeichnung, denn er war nicht der Täter. Die Tagespresse sprach von Selbstjustiz. Von Backnangs Beschützer und Rächer. Aber auch von einem gütigen Superhelden, was ihnen die Arbeit erschwerte, dessen Identität aufzudecken. Denn der Schutzengel in Backnangs Gassen genoss den Schutz der Opfer, welche er gerettet hatte. Und die Verbrecher, die er hinter Gitter brachte, sprachen ebenfalls nicht. Jetzt aber schien es so, als ob sie eine heiße Spur hätten.

Das Opfer war eine Frau mittleren Alters. Sie war verheiratet und hatte zwei Kinder. Am gestrigen späten Abend war sie von ihrer Arbeit aus auf dem Heimweg gewesen, als man sie ausrauben wollte. Dabei waren die zwei Täter handgreiflich geworden und hatten ihr Prellungen und Knochenbrüche beigebracht. Doch ehe noch Schlimmeres hatte passieren können, war dieser `Superheld´ aufgetaucht und hatte die beiden jungen Männer überwältigt und gefesselt zurückgelassen. Gustav Filzer, ihr Chef, hoffte, dass die verängstigte Frau kippen würde und sie ihnen einen zweckdienlichen Hinweis geben könnte. Doch als Fritz und er kurze Zeit später das Krankenhaus wieder verließen, da waren sie genau so schlau wie zuvor.

»Sie schützt ihn«, sagte Fritz auf der Fahrt nach Hause.

Mark nickte. »Ich kann ja verstehen, warum es die Opfer tun. Aber aus welchem Grund schweigen die Täter, die er hinter Gitter bringt?«

»Wir müssen rasch Fortschritte machen. Sonst holt Gustav Verstärkung aus Stuttgart und nimmt uns den Fall weg.«

Mark nickte wieder, obwohl es ihm im Grunde seines Herzens gleichgültig war. Anderseits waren sie von Anfang an dabei gewesen. Hatten mit jedem der dreiundzwanzig Opfer und jedem Täter gesprochen. Und kamen in jedem einzelnen Fall nicht weiter. Die Opfer hatten nichts gemein. Sie kamen aus unterschiedlichen sozialen Schichten, verschiedenen Betriebsstätten und besuchten auch nicht dieselben Vereine.

Das Einzige, was immer gleich war, waren vereinzelte weiße Federn am Tatort. Sie hatten diese ins Labor geschickt, um herauszufinden, zu welchem Tier sie gehörten. Und ob sie von der Industrie weiter behandelt worden waren und somit aus einem Kissen stammten. Die Weiterverarbeitung der Federn vom Hersteller könnte sie vielleicht zu ihrer ersten Spur führen. Doch zu ihrem Erstaunen konnten die Labortechniker nicht einmal herausfinden, ob die Federn zu Gänsen, Wildenten oder Schwänen gehörten. Deswegen waren sie gerade dabei, einen Spezialisten ausfindig zu machen, der ihnen weiterhelfen konnte.

Die Polizei war froh, dass die Presse nichts über die Federn wusste. Sonst würde der Hohn und Spott womöglich noch größer werden. Mark sah die Schlagzeile bildlich vor sich: ‚Polizei in Backnang geteert und gefedert'.

»Gestern war ein Leserbrief in der BKZ. Inhaltlich ging es wohl darum, dass Backnang zu Gotham City werden könnte. Persönlich würde sich der Verfasser aber mit einem Superhelden sicherer fühlen als mit der Polizei«, sagte Fritz und riss ihn aus seinen Überlegungen.

»Das hat Gustav sicher nicht gut verdauen können.«

»Schlimmer noch«, fuhr Fritz fort. »In den Backnang-Gruppen der sozialen Netzwerke wird bereits diskutiert, dem ‚Superhelden' einen Namen zu geben.«

»Und?«

»Die Abstimmung läuft noch. Aber es wird noch schwerer, wenn sie ihm einen Namen gegeben haben.«

Das Funkgerät knackte und die Zentrale zitierte sie zum Bahnhof nach Backnang. Also fuhren sie an der Spritnase von der B14 runter, rollten in Richtung Innenstadt den Berg abwärts und bogen unter der Chelmsford-Brücke links ab.

Kurz darauf waren sie am Bahnhof, parkten und stiegen aus. Es waren schon Streifenpolizisten vor Ort, welche sie gleich zum Tatort führten.

»So, noch keinen Namen?«, höhnte Mark grinsend und zeigte zu dem Graffiti an dem S-Bahn-Waggon.

»Was steht da?« Fritz legte den Kopf schräg.

»Backnangs keeper is coming.«

»Ich bin mir nicht sicher, ob das grammatikalisch richtig geschrieben ist. Noch, ob sich daraus wirklich ein Name herauslesen lässt!«, maulte Fritz und Mark grinste.

»Jungs!«, rief Monika Ruders sie zur Ordnung.

Monika war von der örtlichen Pressestelle der Polizei und hatte vor Jahren mal eine Beziehung mit Fritz gehabt. Jetzt waren sie getrennt. Fritz hatte jemand anderes kennengelernt und war inzwischen seit zehn Jahren verheiratet. Zum Glück war das für die beiden kein Problem. Sie waren erwachsen und gingen auch so damit um.

»Egal wie, es ist bereits online und es nimmt seinen Lauf«, erklärte sie seufzend.

»Wirklich?« Fritz stutzte. »Warum bist du dann hier?«

»Ich sollte mir vor Ort ein Bild machen, um den Schaden zu begrenzen«, erklärte sie.

Fritz nickte und sah Mark an. Gleichzeitig zuckten sie mit den Schultern. Sie waren sich beide sicher, dass es hier nichts mehr zu begrenzen gab. Aber wenn der Chef das meinte, dann sollte Monika mal ihren Zauberstift zücken und einen magischen Text verfassen, der einen ins Staunen versetzen würde.

»Und was macht ihr hier?«, fragte sie unbeeindruckt.

»Wir sind als Kunstkenner eingeladen worden«, erklärte Fritz frech. »Aber das hier hat mehr als einer gemacht. Die Übergänge sind zu hart.«

»Und keiner unserer üblichen Verdächtigen«, ergänzte Mark.

»Super! Also zurück an den Start!«, seufzte Monika und ließ sie stehen.

Es war noch früh, als sich Mark auf den Weg machte. Heute hatte ihn der Wirt bezirzt, nicht so viel wie sonst zu trinken und besser mal zu Hause zu schlafen. Darum dämmerte es gerade erst, als er sich verdrießlich die Stuttgarter Straße hinaufkämpfte und am Stadtfriedhof vorbei kam.

Lautes Lachen und Lärm lockten ihn, den Garten Gottes zu betreten. Er sah eine Gruppe Jugendlicher, die bei der neugotischen Friedhofskapelle saßen und eine Flasche herumreichten. Sie rauchten und feierten offensichtlich ausgelassen. Er verstand nicht, warum Jugendliche so etwas taten. Doch solange sie keinen Vandalismus betrieben, mochte er sich da lieber nicht einmischen. Zudem waren es fünf Jungen und drei Mädchen. Sie waren eindeutig in der Überzahl.

In seiner Jugend war er sicher auch nicht besser gewesen. Allerdings hatte er keinerlei Erinnerung daran. Laut des Polizeipsychologen verdrängte er angeblich bewusst seine Vergangenheit. Doch solange es seine Arbeit nicht beeinflusste, war das kein Problem. Und bisher hatte er gut damit leben können.

Gerade als er weitergehen wollte, da sah er, wie einer der Jungen mehrere Spraydosen aus seinem Rucksack holte und verteilte. Mark seufzte und machte sich auf den Weg zu ihnen.

Man hatte die 1885 gebaute Kapelle gerade erst für fast sechshunderttausend Euro restauriert und saniert. Im November letzten Jahres war die Kapelle mit dem Gedenkbuch an die gefallenen Soldaten, den zivilen Opfern und den Nazi-Opfern eröffnet worden. Ein kalter Windstoß wehte über den Weg vor ihm und ließ ihn frösteln, sodass er die Jacke enger um sich zog. Die Sonne versank und tauchte das Land in Zwielicht.

Er konnte die Jugendlichen nicht mehr sehen, hörte aber ihr Lachen. Offenbar hatten sie die Tür aufgebrochen und waren nun in der heiligen Stätte.

»So ne geile Scheiße!«, hörte er einen der Jungs lachen. Zeitgleich vernahm er das Geräusch von mehreren Farbdosen, die geschüttelt wurden. Er musste sich beeilen.

»Hallo, ich hab da mal eine Frage!«, sagte er, als er in die Kapelle trat.

Die Jugendlichen zuckten erschrocken zusammen und sahen überrascht zur Tür.

»War einer von euch gestern am Bahnhof und hat den S-Bahn-Waggon verschönert?«, fragte er gerade heraus.

»Jo, Alter. Bist du bescheuert?«, sagte ein schlaksiger Jugendlicher mit Augenbrauenpiercing.

»Na, entweder ich oder ihr. Hier einzubrechen ist eine Straftat. So oder so hab ich euch am Arsch.«

»Guckt euch den Alten an. Willst du aufmucken?«, fragte der Gepiercte, baute sich breitbeinig vor der Gruppe auf und spuckte vor Mark auf den Stein. Die Worte der Mahnungen, welche den Boden der Gedenkstätte bedeckten, sprangen Mark förmlich an.

‚Erinnern – Gedenken – Verstehen – Versöhnen.'

»Ich bin vielleicht alt, aber kein Idiot. Hab die Polizei gerufen, ehe ich hereingekommen bin«, was natürlich gelogen war. Er wusste nicht mal, ob er sein Handy überhaupt dabei hatte.

»Verdammt! Meine Mutter bringt mich um, wenn ich kurz vor dem Abi verhaftet werde!«, rief eins der Mädchen.

»Kommt, wir hauen ab!«

Die Gruppe kam geschlossen auf Mark zu. Noch ehe sie ihn ganz erreicht hatte, spürte er an seinen Schulterblättern einen reißenden Schmerz. Zugleich fühlte er sich, als wenn ihn etwas mit Wucht von hinten zu Boden drückte. Mit dem Gesicht voraus fiel er auf den kalten Stein.

‚Du sollst nicht töten' und ‚Widerstehen' stand dort auf dem Boden und Mark lächelte grimmig.

Da war etwas, an das er sich nicht erinnern konnte. Einer von vielen Blackouts in den letzten Monaten. Er war schon einmal hier gewesen. Betrunken. Genau wie jetzt. Hatte er nicht Lauras Grab besuchen wollen und hatte dann von hier Lärm gehört, der ihn anlockte?

Etwas Weißes, Helles breitete sich über ihm aus.

Das Letzte, was Mark hörte, waren die panischen Schreie der Jugendlichen.

Als Mark erwachte, lag er auf dem kalten Boden neben dem Grab von Laura.

Er fühlte sich wie nach einem schlimmen Kater. Zugleich aber konnte er sich erinnern, dass er gar nicht so viel getrunken hatte. Seine Zunge leckte über seine trockenen Lippen und schmeckte Blut. Zudem tat ihm alles weh, was er jedoch auf die Kälte in seinem Körper schob.

Der Morgen graute bereits und er konnte von Glück sagen, dass es in der Nacht nicht so frostig gewesen war. Sonst wäre er vermutlich erfroren. Benommen rappelte er sich auf und lächelte die Engelsstatue über ihrem Grabstein an.

»Du fehlst mir!«, sagte er zu ihr und kämpfte mit den Tränen. Er fühlte sich, als wenn er ein anderes Leben aufgegeben hätte, um dieses mit Laura zu leben. Mark erinnerte sich daran, dass er sich sofort in Laura verliebt hatte. Vom ersten Moment an war er ihr verfallen gewesen. Und jetzt hatte ihn der Tod um die Zeit mit ihr betrogen.

Mark rieb sich mit den Händen über das Gesicht und durch seine Haare. Und als er die Augen wieder öffnete, da lag plötzlich eine weiße Feder auf der Steinplatte des Grabes.

»Was?«, fragte er perplex.

Mark nahm die Feder auf und starrte auf die Statue, so als wären dessen Flügel nicht aus Stein.

»Nein! Völlig unmöglich!« Er ließ die Feder fallen und sah zu, wie sie bedächtig zu Boden glitt. Dann drehte er sich um und erstarrte. Die neugotische Kapelle mit der Gedenkstätte stand hell erleuchtet im ersten Licht des neuen Tages. Und jede Menge Polizei war darum, welche eine Bande Jugendlicher in Handschellen abführte.

»Aber ...«, stammelte er, als ihn die Erinnerung einholte. Ging es den Opfern vielleicht allen so, dass sie sich gar nicht richtig an ihren Retter erinnern konnten? Das würde erklären, warum keiner etwas sagte. Oder aber sie dachten womöglich verrückt zu werden, denn einen Schutzengel zu sehen, war kein Anzeichen eines gesunden Verstandes.

Aber war es das, was er wirklich gesehen hatte? Laura als Schutzengel? Und sie beschützte nicht nur ihn, sondern ganz Backnang? Das war doch völliger Unsinn.

Benommen lief er auf die Kapelle zu, denn er hatte Fritz dort stehen sehen.

»Guten Morgen, Kollege. Kommst du auch mal?« Fritz blickte auf und sah ihn an. »Herrgott, Mark. Wie siehst du aus?«

»Hab in meinem Zeug geschlafen.«

»Und die aufgeplatzte Lippe?«

»Meinungsverschiedenheit«, knurrte er knapp.

»Geh nach Hause! Meld dich krank!«

»Nein, es geht schon.« Er räusperte sich. »Was ist passiert?«

»Eine Bande Jugendlicher war hier, um abzuhängen und herumzusprühen. Ehe sie angeblich was verunstalten konnten, kam unser ‚Superheld'. Er hat sie alle festgesetzt.«

»Das ist doch mal was Neues, dass niemand zu Schaden gekommen ist.«

»Das kann man so nicht sagen«, erklärte Fritz und nickte zur Kapelle. Auf der abgewandten Seite prangte ein Graffiti. »Die Kids behaupten, sie hätten einen Mann gesehen, der sich in eine Art schwarzen, zähnefletschenden Dämon mit roten Augen, aber weißen Flügeln verwandelt hätte. Er überwältigte sie und besprühte die Kapelle.«

Mark sah zu dem Graffiti: ‚Look back'.

»Wir werden die Jugendlichen jetzt auf Drogen untersuchen und später erneut dazu befragen.«

»Kann mir nicht vorstellen, dass sie bei der Geschichte bleiben«, krächzte Mark mit belegter Stimme, während ihm der Schweiß ausbrach.

»Nein, ich mir auch nicht!«, sagte Fritz grinsend und sah wieder zu ihm. »Du bist ja blass wie eine Wand, Mann. Und schwitzt du? Geh nach Hause und kurier dich aus. Hast dir bestimmt die Grippe geholt. Jetzt mach schon.«

»Ja, das sollte ich wohl«, sagte Mark leise und ging wie in Trance davon.

Während er nach Hause lief, dachte er an seine nächtlichen alkoholbedingten Blackouts. Gedanklich legte er sie über jeden Termin, an dem Backnangs ‚Superheld' eingegriffen hatte.

Da war etwas in ihm, tief in seinem Innern.

Eine Erinnerung an die Zeit vor Laura.

Vor dieser Welt.

Wer er einst mal gewesen war und an seinen Auftrag, die Menschheit vor sich selbst zu schützen. Endlich begriff er, dass die Jugendlichen wohl doch so etwas wie einen Schutzengel gesehen hatten.

Nur das nicht Laura dieser war, sondern er Lauras.

Claudia Müller

Claudia Müller wurde in den 70-er Jahren geboren und wuchs in einem kleinen Dorf in der Lüneburger Heide auf.
Schon als junges Mädchen hat sie gerne gelesen und jedes Stephen King Bücher geradezu verschlungen. Nach ihrem Abitur wollte sie raus, in die weite Welt hinaus, und entschied sich für ein Sozialpädagogik-Studium in Stuttgart. Dort lernte sie auch ihren heutigen Mann (ein gebürtiger Backnanger) kennen. In einem Stuttgarter Jugendhaus konnte sie 9 Jahre lang heftige, aber auch wunderbare und eindrückliche Erfahrungen als Sozialpädagogin sammeln.

Inzwischen lebt sie mit ihrem Mann, ihren beiden bezaubernden Töchtern und einer Schildkröte in Backnang und arbeitet als Kreisjugendreferentin im Jugendamt.

Claudia Müller ist ein großer Fan der schönsten und atmosphärsvollsten Kneipe im Backnang, dem Irish Pub, und hilft dort gelegentlich auch immer mal wieder aus.

Silbriges Licht

Dezember 2024
»As I was a goin' over the far famed Kerry mountains
I met with captain Farrell and his money he was counting
I first produced my pistol and I then produced my rapier
Saying »Stand and deliver« for he were a bold deceiver

Mush-a ring dum-a do dum-a da
Whack for my daddy-o
Whack for my daddy-o
There's whiskey in the jar ...«

Das gelbe Licht der einsamen Teekerze flackerte unruhig im kalten Hauch und erlosch, während die Musik verstummte.

Dezember 2014
Laut klirrend rutschten drei Kilkenny Gläser vom Tablett.
»Shit«, kicherte Marina und bückte sich, um die größeren Scherben vom Holzparkett aufzuheben.
Susi blickte über die dampfende Spülmaschine zu ihr rüber und begann den letzten Satz Gläser auszuräumen. Es war nach halb drei, mitten in der Nacht zum 2. Advent. Wieder mal war es im Irish Pub „An Sibin" im Herzen Backnangs den ganzen Abend über brechend voll gewesen. Ata beim Zapfen an der Theke und die beiden erfahrenen Bedienungen hatten stundenlang alle Hände voll zu tun. Am Spätabend gab es ein spontanes Unplugged Konzert von Jim, der einige Wochen zuvor im Fernsehen einen tollen Auftritt in einer Musik-Casting-Show hatte und nun begeistert von allen gefeiert wurde. Die Gäste tanzten, sangen und tranken literweise Guinness, Kilkenny, Wein und Whiskey.
Die beiden Frauen hatten den Laden wie so oft gut im Griff und waren doch auch dankbar, dass es nette Stammgäste wie

Marten gab, der auch geschwind mal im Keller ein leeres Fass wechselte oder Gläser polierte. Diverse Ouzo und hausgemachte Cocktails, spendiert vom Chef oder den Gästen, ließ den Bedienungen die Arbeit leichter von der Hand gehen.

Umsatz, wie auch Trinkgelder, füllten die Geldbeutel und so schickten Marina und Susi ihren Chef, als es gegen ein Uhr ruhiger wurde, gut gelaunt in seinen Feierabend.

»Alles klar?«, fragte Susi, als sie sah, dass Marina neben den Scherben auf dem Boden kniete.

Mit bleichem Gesicht und sehr müden Augen sah Marina zu ihr hoch.

»Mir ist so schlecht, ich glaub, im letzten Cocktail war ein Rausch drin«, versuchte sie zu witzeln.

»Setz dich hin, ich ruf dir ein Taxi und du fährst heim. Den Rest kann ich auch allein fertig machen«, sagte Susi, während sie zum Telefon griff, um die Nummer der Taxizentrale zu wählen.

Zehn Minuten später betrat ein kleiner weißhaariger Mann den Pub, stützte Marina, die sich mehrfach bei ihrer Kollegin entschuldigte, und setzte sie in das Taxi.

Susi schloss direkt hinter ihnen die Tür von innen ab. Auch wenn Backnang in der Regel eine freundliche und friedliche Stadt war, war es so mitten in der Nacht allein und mit prall gefüllter Kasse und gut bestückten Whiskeyregalen doch ratsamer, niemandem mehr Einlass zu gewähren. Vor allem, da sie doch noch einige Male die Treppe hinunter in den Keller laufen mussten, um leere Flaschen zu entsorgen und die Kühlschränke für den nächsten Tag wieder aufzufüllen. Kaffeemaschine und Theke waren geputzt, sie stellte die Musik leiser und klickte auf ihrer Playlist am PC einige ihrer Lieblingslieder an.

Leise summend und auch leicht schwankend räumte sie die letzten Gläser in die Regale und begann die Tragekörbe mit dem Leergut zu füllen.

Ihre Beine schmerzten und Susi füllte sich ziemlich ausgelaugt, aber dennoch recht glücklich. Dieser Nebenjob war der ideale Ausgleich zu ihrem eigentlichen Beruf und vor allem zur täglichen Herausforderung als Mutter zweier Kinder. Sie liebte den Umgang mit den Gästen, die gute Musik in entspannter Atmosphäre, aber auch die scherzhaften oder – je nach Uhrzeit – tiefsinnigen Gespräche an der Theke.

»Mush-a ring dum-a do dum-a da
Whack for my daddy-o
Whack for my daddy-o
There's whiskey in the jar ...«

Sie summte leise mit, während sie langsam die Treppe zum Vorratsraum hinunterstieg, wohl wissend, dass sie nur wenige Stunden später am Frühstückstisch ‚Advent, Advent, ein Lichtlein brennt' singen würde, während ihre große neunjährige Tochter die zweite Kerze am Adventskranz entzündet.
Mit dem Ellenbogen drückte Susi die Tür mit der Aufschrift ‚privat' auf und sortierte die leeren Flaschen in die Kisten.
Seufzend legte sie dann den Hebel der silbernen Tür um, die zum kleinen Kühlraum führte. Sie hasste es, dort hineinzugehen: Es war logischerweise eiskalt darin, immer eng, weil mindestens zehn Fässer sowie diverse Getränkekästen dort gelagert wurden, und meistens klebte der Boden und es roch nach übergelaufenem Bier. Als die Kühlzelle vor fünf Jahren eingebaut wurde, hatte Ata Susi mehrfach versichert, dass sich der Raum jederzeit von innen öffnen ließe, auch wenn die schwere Tür mal zufallen sollte. Susi wollte das nie ausprobieren und sicherte die Tür auf ihre Weise, indem sie immer etwas in dem Türspalt verkeilte.

»I counted out his money and it made a pretty penny
I put it in me pocket and I took it home to Jenny
She sighed and she swore that she never would deceive me
But the devil take the women for they never can be easy ...«

Susi sang bewusst lauter, während sie einige Flaschen in den blauen Tragekorb stellte, um ihrem aufsteigenden mulmigen Gefühl etwas entgegenzusetzen.

So hörte sie nicht, wie die schwere silberne Tür langsam und leise hinter ihr zufiel.

»Sechs Flaschen dunkles Hefeweizen und sechs Flaschen Weißherbst. Jetzt noch das Ciderfass wechseln und fertig«, murmelte Susi vor sich hin.

Sie drehte die entsprechenden Hähne zu, löste das Ventil aus dem leeren Fass und hob es zur Tür. Noch in der Drehung erstarrte sie und blickte entsetzt auf die silberne Wand. Bewusst ausatmend stellte sie das Fass ab und drehte sich zurück.

»Nur nicht durchdrehen, alles kein Problem«, befahl sie sich selbst und begann, ein neues Ciderfass in die richtige Position zu rollen, um es anzuschließen. Ihre Hände zitterten, als sie das Ventil in das Fass drückte und goldgelbe Flüssigkeit schoss in einer Fontäne heraus. Erschrocken nahm sie es wieder heraus und ließ es einfach am Schlauch hängen.

Entschlossen drehte sich Susi um und drückte gegen die Tür.

Nichts.

Es gab eine Mulde, an deren Stelle von der anderen Seite der Hebel sein musste. Susi griff hinein und drückte dagegen.

Nichts.

Langsam und mit angehaltenem Atem tastete sie die komplette eiskalte Tür entlang, auf der Suche nach einem Griff, einem Knopf, was auch immer.

Nichts.

Susi drückte mit aller Kraft beide Hände in die Mulde, schlug danach, trat mit den Füßen an die Tür, warf sich mit der Schulter dagegen.

Nichts.

Schwarze Panik kroch in ihr hoch.

»Scheiße! Geh endlich auf verdammt«, schrie sie mit schriller Stimme und presste ihre Hände erneut in die Mulde.

Als sie spürte, wie ihre Fingerkuppen vor Kälte schmerzten, ließ sie sich tränenüberströmt auf das leere Fass sinken. In ihrem Kopf schrie es ‚raus, raus, raus'.

Sie legte die heiße Stirn an die eisige Wand und versuchte, ruhiger zu atmen.

Nach einer gefühlten Ewigkeit hatte sie das Gefühl, wieder auf wackligen Beinen stehen zu können und erhob sich. Ihre Gedanken überschlugen sich. Hektisch begannen ihre geröteten Augen die Wand vor ihr, dann die Decke und dann den Boden abzusuchen. Sie drehte sich um und blickte zentimeterweise auf die Wand mit den Schläuchen und kleinen grünen Hähnen über den Fässern. An der Decke blendete sie das gleißende weiße Licht, sodass sie ihren Blick schnell wieder abwand.

»Beruhige dich, du bist erwachsen, jetzt wieder nüchtern und du wirst eine Lösung finden«, erklärte sie sich selbst mit leiser flüsternder Stimme. Meine Güte, da hatte sie doch schon viel schlimmere Situationen gemeistert – oder?

»Ja sicher! Also noch mal«, wiederholte Susi energisch.

Mit ihren vor Angst geweiteten Augen drehte sie eine neue Runde: die Tür, die Decke, der Boden, die Wand. Nirgendwo ein Knopf, ein Riegel oder irgendwas, was nach Türöffner oder Notausgang aussah. Kalte silbrige Wände, kalte niedrige Decke, kalter klebriger Boden.

Wand, Boden, Decke, Tür.

Wieder spürte sie die Panik, dieses Mal silbrig: Sie schnürte ihr die Kehle zu, sie stach im Herz und sie ließ ihren Atem nur stoßweise hinaus. Kleine weiße Wölkchen wurden vor ihrem Mund sichtbar.

Sie sank erneut auf das Fass und starrte mit leerem Blick auf den gefüllten blauen Tragekorb. Nach einer Weile registrierte sie, wie sehr ihre Zehen schmerzten. Klar taten die Beine weh, denn sie war vergangenen Abend mehrere Kilometer gelaufen, um die Gäste zu bedienen. Mit klammen Fingern versuchte sie, die roten Turnschuhe abzustreifen und stellte überrascht fest, dass es nicht funktionieren wollte.

Ihre Finger waren gekrümmt, ließen sich nur unter Schmerzen aus den gekrallten Fäusten ausstrecken. Sie trug die Arbeitskleidung des Irish Pubs: Turnschuhe, dünne Jeans und ein kurzärmeliges, schwarzes Guinness-Shirt; im Pub war es normalerweise sehr warm.

Ein kehliges Lachen drang aus ihren blauen Lippen und ihr Verstand funktioniert plötzlich eiskalt und glasklar.

Ata sagte, man kann die Tür auch von innen öffnen. Ich ruf ihn jetzt an und frag wie. Scheißegal, wenn er schon schläft. Wie spät ist es eigentlich? Die Worte kamen nicht mehr aus ihrem Mund, denn ihre Zunge war bereits kalt und schwer, im Kopf aber formulierte sie alle Worte deutlich.

Langsam erhob sich Susi wieder vom Ciderfass, noch langsamer griff sie in die hintere Hosentasche und zog ihr Smartphone hervor. Ihre steifen Finger konnten es nicht halten, es fiel mit einem leisen ʼPloppʻ auf den Boden.

Betäubt starrte sie minutenlang auf die schwarze Lederhülle, dann schloss sie die Augen und sah vor sich das Bild, das sie auf ihrem Handy als Hintergrund eingerichtet hatte: Ihr Mann Harald mit den beiden Töchtern, wie sie im sonnig glitzernden kroatischem Meer schwimmen und in die Handykamera lachen.

Susis Atem ging mittlerweile sehr langsam, Bewegungen schienen nur noch unter Schmerzen und in Zeitlupentempo möglich, aber das unbändige Verlangen, genau dieses Foto jetzt anzusehen und sich dann Hilfe zu holen, ließ sie auf den kalten klebrigen Boden auf die Knie fallen und mit den gekrümmten Fingern danach greifen.

»Mush-a ring dum-a do dum-a da
Whack for my daddy-o
Whack for my daddy-o
There's whiskey in the jar

,Twas was early in the morning, just before I rose to travel
Up comes a band of footmen and likewise captain Farrell
I first produced me pistol for she stole away me rapier
I couldn't shoot the water, so a prisoner I was taken«

Tonlos sang Susi ihr Lieblingslied der Dubliners weiter, während sie langsam, ganz langsam, mit sich blauschwarz färbenden Fingern das Smartphone aus der schwarzen Lederhülle zog. Sie drückte die mittlere Taste, wischte mit dem Knöchel des Zeigefingers über den Bildschirm und starrte mit entrücktem Blick auf das Foto.

Das Zittern hatte vor einigen Minuten aufgehört, alles an Susi war kalt, starr, silbrig. Das Foto ihres lachenden Mannes und der strahlenden Töchter im hellblau glitzernden Meer – so warm, so vertraut – ließ ihr Herz einen Takt schneller schlagen. Die Liebe zu ihrer Familie würde ihr das Leben retten. Bilder tauchten in ihrem Inneren auf: Ihre „Große" auf dem Waldspielplatz, wie sie laut jubelnd die Tarzanbahn hin- und herfuhr. Mit ihrer „Kleinen" im Wonnemar, die sich eng an sie schmiegte, während sie gemeinsam mit dem Strudel schwammen. Und natürlich ihr geliebter Mann: daheim auf der schönen Terrasse, im Biergarten beim Waldheim, auf der Radtour zum Eschelhof ...

Eine kleine Ewigkeit versank Susi in ihrer ganz eigenen, warmen Welt.

Klar gab es hier unten in der Kühlzelle keinen Empfang.

Ich brauch mich nur ins Internet einwählen und schreibe über WhatsApp Clarissa, Atas Freundin, an, dann ist bald alles wieder gut, dachte Susi müde und bediente ihr Handy.

»Now there's some take delight in the carriages a-rollin'
and others take delight in the hurling and the bowling
but I take delight in the juice of the barley
and courting pretty fair maids in the morning bright and early

Mush-a ring dum-a do dum-a da
Whack for my daddy-o
Whack for my daddy-o
There's whiskey in the jar«

Susi hatte gerade die vorletzte Strophe von »Whiskey in the Jar« beendet, als sie plötzlich ein warmes silbriges Licht sah, Wärme spürte und durch die Tür ging.

Dezember 2024

Laut klirrend rutschten drei Guinness Gläser vom Tablet. Ata blickte mit gerunzelter Stirn hinter den Zapfhähnen vor, sagte jedoch nichts, als er sah, dass Rabea bereits dabei war, die Scherben aufzusammeln. Sie war noch sehr jung, gerade neunzehn Jahre alt und machte ihren Job im Pub insgesamt hervorragend. Heute Abend hingen ihr blonde Haarsträhnen aus dem Zopf in das verschwitzte Gesicht. Sie hatte sich gut geschlagen: Die kleine Kneipe war endlich mal wieder voll, Jim hatte nach vielen Jahren spontan zur Gitarre gegriffen und mit alten Hits wie »Johnny be good« die Gäste in Stimmung gebracht. Umsatz und positive Publicity konnte er dringend brauchen.

»Sorry«, mit roten Wangen schob sich Rabea an Ata vorbei, »ich zahl sie dir.«

»Quatsch nicht«, brummelte ihr Chef. »Mach

Feierabend. Ich ruf dir ein Taxi, wir trinken noch einen Ouzo und dann sehen wir uns übernächsten Samstag wieder zur Schicht«, entschied er bestimmt.

Rabea nickte stumm. Sie arbeitete sehr gern hier, dennoch musste sie sich jedes Mal aufs Neue dazu zwingen, in den Irish-Pub zu kommen. Ihr Therapeut hatte ihr dazu geraten, sie verdiente gutes Geld und überbrückte außerdem die Wartezeit zwischen Abi und Studienbeginn.

Es war gleich Mitternacht. Rabea hatte das dringende Bedürfnis, schnell nach Hause zu kommen und sich mit einer Wärmflasche ins Bett zu legen.

Morgen war der zehnte Todestag ihrer Mutter und sie wusste, sie würde mit ihrer Schwester und dem Vater viel Zeit auf dem Waldfriedhof verbringen.

Nachdenklich zog Ata an seiner Zigarette, die Glut glimmte rot im warmen Dunkel des Pubs. Er wollte jetzt gehen, öffnete vorher aber noch mal die Tür des kleinen Sicherungskastens hinter der Theke. Alles in Ordnung, wie immer.

Wie immer, bis auf dieses eine verdammte Mal vor zehn Jahren. Gott mochte wissen, was damals passierte, oder der Teufel. Es gab in den frühen Morgenstunden dieser Nacht einen kompletten Stromausfall für mehrere Stunden in der ganzen Stadt ...

Als er an jenem Sonntagvormittag zu Hause erwachte, machte er sich sofort auf den Weg in den Irish-Pub, da er schon befürchtete, dass der eine oder andere Schaden dadurch entstanden sein könnte.

Die Eingangstür war verschlossen, die Theke sah im schwachen Morgenlicht sauber aus.

Gut gemacht, Mädels, dachte er bei sich, während er mit einer Taschenlampe hinunter ins Lager ging. Die Tür zum Kühlraum war einen Spalt geöffnet. Der helle Kegel seiner Lampe erfasste eine zusammengekrümmte Gestalt auf dem

Boden liegend. Der Geruch des schalen Bieres war stechend, denn es war ungewöhnlich warm hier unten. Klar, wenn die Kühlung seit Stunden nicht mehr funktioniert hat.

Plötzlich flammte über ihm ein Licht und die Kühlung sprang laut surrend an. Es gab wieder Strom.

Er erkannte Susi, die vor ihm lag, die Hände um ein Handy gekrallt.

»Mädle, halt durch«, rief Ata entsetzt, »ich ruf einen Notarzt und bringe dich ins Backnanger Krankenhaus – äh scheiße, nein, nach Winnenden.«

Der gerufene Arzt konnte nur noch Susis Tod feststellen.

Die anschließende Obduktion beschrieb ein Herzversagen und wies nur in Nebensätzen auf ungewöhnliche Erfrierungsmerkmale an Händen und Füßen hin ...

Gegen halb drei sah sich Ata noch einmal um: Das dunkle Holz der Theke war abgewischt, die braunbezogenen Barhocker säuberlich davor aufgereiht, der silbrige Chrom unter den Zapfhähnen glänzte leicht im Licht der letzten Lampe, die von der Eingangstür ausgeschaltet wurde. Ein Geräusch?

Ata hörte mit schnellem Herzschlag in die Stille der Nacht.

Ein leises Klopfen unter der Treppe?

Unmöglich! Er musste sich täuschen.

Mit kalten, zitternden Fingern schloss er von außen die Tür des Irish Pub hinter sich zu und ging im silbrigen Schein des Vollmondes nachdenklich nach Hause.

Es war friedlich und ruhig in der Stadt Backnang. Kalt entzündete sich ein einsames Teelicht und lautlos begann die Playlist zu spielen:

»If anyone can aid me ‚t is my brother in the army
If I can find his station in Cork or in Killarney
And if he'll go with me, we'll go rovin' through Killkenny

And I'm sure he'll treat me better than my own a-sporting
  Jenny

Mush-a ring dum-a do dum-a da
Whack for my daddy-o
Whack for my daddy-o
There's whiskey in the jar.«

Nina Müller

Am 23.09.2003 wurde Nina Müller im Backnanger Krankenhaus geboren und wohnt seitdem im Sulzbach.
In ihrer Freizeit betreibt sie Kickboxen und trifft sich gerne mit ihren Freunden.
Sie hat außerdem zwei ältere Brüder, die sie sehr lieb hat, die sie von Zeit zu Zeit aber immer mal wieder nerven – und umgekehrt auch.
Sie besitzt einen Hamster als Haustier und beobachtet ihren tierischen Freund gerne am Abend, wenn er wach wird und sie zu Bett muss.

Die maskierte Gang

Im Oktober letzten Jahres ging Alexander, wie jeden Tag nach der Arbeit, zum Joggen in den Plattenwald. Denn er wollte fit sein für den Silvesterlauf in Backnang, bei dem er jedes Jahr mitmachte. Leider war er noch nie unter den ersten drei gewesen – diesmal aber wollte er es schaffen. Deshalb ging er bei jedem Wetter zum Joggen.

Aber heute war sein Jogger-Kumpel Felix nicht mit dabei. Er hatte einen Autounfall und lag im Backnanger Krankenhaus. So ging Alexander an diesem Abend alleine trainieren; eigentlich hatte er keine Lust, aber er hatte ein Ziel, das er erreichen wollte.

Im Plattenwald drehte er eine Runde nach der anderen; plötzlich stolperte er über eine Wurzel und fiel hin.

Er merkte gleich, dass an seinem linken Fuß etwas nicht stimmte. Alexander stand auf und wollte nach Hause. Weil sein Fuß sehr schmerzte, humpelte er ganz langsam aus dem Wald.

Als er an der Bushaltestelle vorbei war, hatte er es nicht mehr weit bis zu seinem Haus.

Doch plötzlich hörte Alexander Schritte und es sprangen drei maskierte Männer hinter einem Baum hervor und hatten ihn umzingelt. Sie wollten seine Wertsachen und sein Handy. Erst wehrte sich Alexander, aber gegen drei hatte er keine Chance; sie nahmen ihm alles ab und schlugen ihn zusammen.

Bewusstlos lag Alexander auf dem Boden, als ihn sein Nachbar Klaus fand.

Als Alexander aufwachte, lag er im Backnanger Krankenhaus. Überall hatte er Prellungen und eine starke Gehirnerschütterung. Er konnte sich an nichts mehr erinnern. Die Polizei klärte ihn auf, dass er von drei Männern überfallen und zusammengeschlagen worden sei. Sein

Nachbar Klaus habe ihn gefunden und die Polizei und den Krankenwagen gerufen.

Ein paar Tage später konnte sich Alexander an den Überfall erinnern und machte eine Aussage bei der Polizei. Er wusste genau, dass die drei die gleichen Turnschuhe wie er und Felix anhatten.

Die Polizei ging der Spur nach und konnte die drei Männer im November stellen, als sich diese gerade zum Joggen im Plattenwald trafen. Dabei stellte sich heraus, dass es Mark, Sven und Andreas waren, mit denen Alexander und Felix früher trainiert hatten. Aber wegen eines Streites gingen sie getrennte Wege. Alexander trainierte nur noch mit Felix und die drei für sich. Weil sie wussten, dass Felix an diesem Tag einen Unfall hatte und nicht mehr am Silvesterlauf teilnehmen konnte, wollten sie noch Alexander aus dem Weg räumen, weil er schneller war als die drei.

Mark, Sven und Andreas bekamen eine Strafe und wurden beim Silvesterlauf für die nächsten fünf Jahre gesperrt. Alexander hatte Glück; er wurde noch rechtzeitig fit und konnte am Silvesterlauf teilnehmen.

Endlich hatte er es geschafft und sein Traum ging in Erfüllung: Er wurde Erster.

Seine Freunde und Bekannte waren sehr stolz auf ihn, weil er nie aufgab und immer daran geglaubt hatte. Alexander freute sich schon auf das nächste Jahr und nahm sich vor, dann gemeinsam mit seinem Kumpel Felix durch die Ziellinie zu laufen.

Sebastian von Nagaroon

Sebastian von Nagaroon stammt aus Ahlen in Westfalen und lebt nun seit 5 Jahren in Backnang. Er ist verheiratet und hat drei Kinder.
Er schmiedet seit 15 Jahren historische Dinge wie Rüstungen, Messer, Schwerter und Schmuck, aber auch so manches Klimbim.
Gelegentlich schmiedet er mit der Schreibfeder »verrückte« Dinge wie z.B. die Arturius Historika, eine total verdrehte Artussage ...
Er interessiert sich außerdem sehr für Heimatgeschichte und das Frühmittelalter. Ebenfalls seit 15 Jahren ist er ein aktiver Darsteller von Kelten, Römer und Alemannen auf musealer Ebene.

Das Schwert Ulfric

Seine Augen waren zu einem schmalen Schlitz geformt. So und mit verzehrtem Gesicht starrte Alvis in die Glut des Schmiedefeuers.

Nicht nur die Glut musste perfekt sein. Nein. Auch der Augenblick, in dem er das Eisen hineinlegen und dann wieder herausnehmen würde. Wieder begann er, an der Kette zu ziehen, welche den großen Blasebalg in Gang setzte. Mit der anderen Hand stocherte er in der Glut. Kleine Kohlestücke flogen wie Sternschnuppen durch das Dunkle der Schmiede, als er mit dem Schüreisen die Kohle in die richtige Position in der Esse brachte.

Jetzt war der Augenblick da.

Ein letztes Mal eine Handvoll Kohle auf die jetzt hellrot leuchtende Glut geworfen und das Werk konnte begonnen werden.

Seit vielen Jahren hatte er kein Schwert mehr geschmiedet. Seit er hier in Baccanag (Backnang) war, hatte er sich darauf begrenzt, nur noch Werkzeuge herzustellen und Pferde zu beschlagen. Todbringende Klingen waren zwar früher sein Geschäft gewesen und hatten ihn reich gemacht, sie hatten aber auch dafür gesorgt, dass er fast alles verlor und seine Heimat verlassen musste. Der Krieg ist für einen Waffenschmied ein gewinnbringendes Geschäft. Doch die Könige und Fürsten hielten nicht immer Wort und so kam es, dass seine eigenen Schwerter auch gegen ihn gerichtet wurden.

Er floh aus dem Norden in den Süden. Und als er schließlich einen Fluss erreichte, den man Murr nannte, traf er auf die kleine Stadt, welche die Leute Baccanag oder auch Backnang nannten.

An der Furt, die über die Murr führte, begegnete er einem Reiter, dessen Pferd lahmte. Alvis erkannte sofort, dass die

Hufeisen des Pferdes erneuert werden mussten, und riet dem Mann, sofort einen Schmied aufzusuchen. Backnang hatte aber keinen Schmied mehr. Dieser war vor Monaten gestorben und seine Schmiede verwaist, da er keinen Sohn hatte, der sein Handwerk fortsetzen konnte.

Es dauerte nicht lange, da hatte Alvis die Erlaubnis des Adels von Backnang, die Schmiede wieder zu beleben. Fürst Hesso der II. von Backnang hatte ihm persönlich zum neuen Schmied berufen und so kam es, dass Alvis im Jahre des Herrn 1090 der neue Schmied von Backnang wurde.

Die ersten Jahre waren ruhig gewesen. Aber vor einigen Wochen änderte sich die Welt mit einem Schlag erneut. Ein Ruf war erfolgt, der die Welt ins Wanken brachte und schließlich auch die kleine Stadt am Ufer der Murr erreichte. Der Ruf kam aus Rom. Alvis wusste nichts über Rom und er wusste auch nicht viel über den Mann, den man Papst nannte. Aber dieser Mann, Papst Urban der II., hatte jetzt dafür gesorgt, dass nicht nur Alvis Welt zerbrach. Der Papst hatte zum ersten Kreuzzug aufgerufen. Zu einem Feldzug in das Heilige Land. Die Ritter des christlichen Abendlandes brachen auf, um Jerusalem von den Muslimen zu befreien. Der Papst hatte zum Heiligen Krieg gerufen. Alvis glaubte früher auch, dass der Krieg etwas Heiliges sei. Doch das war er nicht. Er war schmutzig und brachte immer Elend und Tod. Auch auf der Seite der Sieger war er trügerisch, denn der Krieg kannte keine Verbündeten und er kannte keine Sieger. Das hatte Alvis am eigenen Leib erlebt. Und jetzt, fast zehn Jahre nachdem er seine Heimat verlassen hatte und glaubte, seinen Frieden gefunden zu haben, da war er wieder da, der alles vernichtende Krieg.

Alvis stand in seiner Schmiede, schürte das Feuer und war im Begriff, ein weiteres Schwert zu schmieden. Aber dieses Schwert war kein einfaches Schwert. Es musste etwas Besonderes werden. Dieses Schwert musste mehr als nur ein Meisterstück sein, denn es sollte das Schwert seines Herrn

Fürst Hesso dem II. von Backnang werden.

Draußen vor der Schmiede gab es ebenfalls ein geschäftiges Treiben. Auf der anderen Seite des Platzes, auf der kleinen Anhöhe, wurde eine Kirche errichtet. Der Platz für die Kirche war gut gewählt. Weit sichtbar. Vielleicht würde dort schon bald ein Kloster oder Ähnliches entstehen. Das würde noch mehr Menschen nach Backnang bringen und damit Wohlstand und Glück.

Davon hatte Alvis geträumt. Von einer Zeit voller Frieden. Doch das war jetzt in weite Ferne gerückt.

Das Land bereitete sich auf den Kreuzzug vor und Alvis tat das, was er eigentlich nie wieder tun wollte, aber das, was er am besten konnte. Er schmiedete Waffen. Er griff nach dem Bündel dünner Stäbe und legte sie in die Glut. Diese Stäbe hatte er in den letzten Tagen alle einzeln geschmiedet. Sie waren jetzt nur noch wenige Millimeter dick. Vier von ihnen waren aus einem weichen Eisen geschmiedet. Vier aus Stahl. Der Stahl war hart und konnte scharf geschliffen werden, wenn er zu einer Klinge geschmiedet wurde. Aber er war auch brüchig. Zu brüchig für ein Schwert. Nur wenige Schwerthiebe würde es dauern und er würde brechen. Aus diesem Grund musste der harte Stahl mit dem weichen Eisen zusammengeschmiedet werden.

Die Kunst der Eisenverarbeitung gab es schon sehr lange. Doch nur wenige kannten das Geheimnis eines guten Schwertstahls. Die meisten Schmiede schmiedeten die einzelnen Lagen übereinander. Aber Alvis tat das nicht. Er erhitzte die Stäbe in der Glut und drehte sie dann wie eine Kordel zusammen. Dann schmiedete er den Strang flach und viereckig. Schließlich wiederholte er die Prozedur. Er drehte den Stahl erneut zu einer Kordel und schmiedete ihn erneut aus. Das Ganze machte er neun Mal.

Doch so einfach war das nicht. Der Zeitpunkt, an dem der Stahl mit der richtigen Temperatur die Glut verließ, musste genau stimmen. Um diese Zeit einschätzen zu können, brauchte man ein gutes Auge und Erfahrung, denn die Farbe des glühenden Stahls musste hell wie die Sonne sein. Zugleich konnte man den Stahl nicht ständig aus der Glut heben, um zu sehen, wie weit er ist. Deswegen hatte Alvis seinen eigenen Zeitmesser. Einen Zeitesser, den schon sein Vater und davor sein Großvater, ja und sogar seine Urgroßväter benutzten.

Er murmelte die alten Texte der Edda leise vor sich hin. Je nach Beschaffenheit und Stärke des Stahls ein anderer Vers. Doch er musste vorsichtig sein. Die Menschen in Backnang kannten diese Verse nicht und sie kannten auch die Sprache nicht, in die Alvis diese zitierte. Deswegen hielten sie diese Verse für alte Zaubersprüche. Doch im Jahre des Herrn 1090 war es gefährlich, man konnte schnell für einen Ketzer oder einen Hexer gehalten werden, und dann landete man im Kerker oder gar auf dem Schafott.

Alvis schaut noch einmal zum Fenster hinaus. Es wurde Abend. Die Menschen verließen den Platz und die Baustelle der Kirche, um nach Hause zu gehen. Der Zeitpunkt war günstig. Die Luft sozusagen rein.

Mit Augen, die zu schmalen Schlitzen geformt waren, und einem wie vom Schmerz verzehrtem Gesicht, blickte Alvis in die Glut. Er begann den Blasebalg jedes Mal bis zum Anschlag zu füllen, um ihn dann mit Wucht seiner Luft zu berauben und die Glut anzufeuern.

»Ich weiß, dass ich hing, am windigen Baum neun Nächte lang ...«

Während er diesen Vers sprach, pumpte er den Blasebalg ein Mal auf und lies dessen Luft entweichen.

»Mit dem Ger verwundet, geweiht dem Odin, ich selbst mir selbst ...« Der Blasebalg füllte sich wieder, um sich sofort wieder zu entleeren. »... an jenem Baum, da jedem fremd, aus welcher Wurzel er wächst.«

Dann nahm er das Stahlbündel aus der Glut. Hell wie die Sonne war es und lies kleine sternartige Funken fliegen. Er legte das Bündel auf den Amboss und griff nach dem Hammer.

»Neun Hauptlieder lernte ich vom hehren Bruder der Besla, dem Böltenhornsohn von Odrörir, dem edelsten Met, tat ich einen Trunk.« Während dieser Worte schmiedet der den Stahl flach und viereckig. Obwohl das Werkstück noch dunkelrot glühte, hörte er nach dem Vers auf. Auch das war eines seiner Geheimnisse. Schmiedet man zu lange, würde es brüchig, oder es bildeten sich kleine Luftblasen, die der Klinge schadeten.

Ja, vom edlen Met würde ich jetzt auch gerne trinken, dachte Alvis. Aber weder hatte er Met noch Zeit für eine Pause. Es würde noch eine Nacht und einen Tag dauern, bis er sein Werk vollendet hätte. Und erst dann wäre Zeit für eine Pause.

Alvis verwarf den Gedanken an Essen und Trinken, schürte das Feuer und betätigte den Blasebalg. Beim nächsten Arbeitsgang wiederholte Alvis nicht denselben Vers. Nein, er setzte ihn immer weiter fort. Bis er die Arbeitsgänge neun Mal durchlaufen hatte. Dann begann er mit einem weiteren, einem letzten Durchgang. Aber dieses Mal verdrehte er den Stahl nicht, sondern schmiedet ihn einfach flach aus und faltete ihn dann ein letztes Mal aufeinander.

Dies alles begleitet von den alten Versen der Lieder seiner Vorfahren. Hätte man es nicht besser gewusst, so würde man denken, Alvis lege mit all seiner Lebenskraft einen Zauber auf diesen Stahl.

Nachdem er das Stück gefaltet hatte, begann er, die Klinge in Form zu bringen. Zuerst die Spitze, dann nach und nach die Klinge. Hierbei musste er nicht mehr auf Zeit und Temperatur achten, das Formen war ein eher einfacher Arbeitsgang.

Alivs arbeitet die ganze Nacht und am Morgen des folgenden Tages hielt er eine fast fertige Schwertklinge in den Händen. Bis zum Mittag hatte er den Stahl geschliffen und poliert. Jetzt war das Muster der beiden Metalle, die Alvis zusammengeschmiedet hatte, deutlich zu sehen. Der Kern der Klinge war anders gemustert als die außen liegende Schneide. In der Mitte der Klinge waren dunkle Kreise zu sehen, die zum Teil aussahen wie Augen. Kreisauge an Kreisauge reihte sich im Kern der Klinge aneinander. Wie ein Fluss, in dem kleine Blasen aufstiegen. Die Schneide wurde durch mehrere wellenförmige Linien gezeichnet. Kleine Wellen, wie sie sich am Strand seiner Heimat immer bildeten. Er riss sich selbst aus den Gedanken und legte die Klinge beiseite.

Schon vor einigen Tagen hatte Fürst Hesso der II. von Backnang ihm ein kleines Kistchen bringen lassen. In ihm war eine abgebrochene Schwertklinge mit einem edel verzierten Griff. Alvis löste diesen von dem Klingenrest und passte ihn an seine soeben fertig gewordene Klinge an. Der prachtvolle Griff vollendete sein Werk. Der Knauf wurde auf jeder Seite von einem roten Edelstein verziert. Um ihn herum war ein Spruch eingraviert. Alvis vermutete, dass es sich um einen Segensspruch handelte, konnte ihn aber nicht lesen, da er dem Lateinischen nicht mächtig war.

Wieder arbeitete er die ganze Nacht durch, um dem Schwert, welches jetzt einen prachtvollen Griff hatte, seine Schärfe zu geben.

Schleifen, polieren und putzen, das Schwert durfte keine Makel mehr aufweisen, denn in einigen Stunden würde Hesso der II. von Backnang kommen, um es abzuholen.

Die Sonne stand gut eine Handbreit weit über dem Horizont und auf der Baustelle der Kirche, auf dem Felsen direkt an der Murr, herrschte schon wieder geschäftiges Treiben.

Da erschien eine Gruppe gerüsteter Reiter, welche direkt an der Baustelle der Kirche vorbei zur Schmiede ritten. Allen voran Fürst Hesso. Noch bevor die Reiter völlig zum Stehen gekommen waren und der Staub, den sie aufwirbelten, sich legen konnte, trat Alvis mit dem Schwert in der Hand aus der Schmiede heraus.

Alle Reiter waren in den weißen Waffenrock mit dem roten Kreuz der Kreuzfahrer gekleidet. Das Schwert steckte jetzt in einer einfachen Lederscheide, welche mit einem breiten Trageriemen versehen war.

Ohne ein Wort zu sagen, reichte Alvis seinem Fürsten das Schwert. Dieser nahm es entgegen und begutachtete zunächst den Griff. Dann zog er es langsam aus der Hülle und fuhr mit den Fingern über die gemusterte Klinge.

»Sagt Schmied, wer lehrte Euch Euer Handwerk?«, fragte er mit ehrfürchtig leiser Stimme.

»Mein Vater, mein Herr. Und dieser lernte von seinem, so wie dieser wiederum von seinem Vater«, antwortete Alvis.

»Wie lautet sein Name?«

»Ulfric, mein Herr«, sagte Alvis.

Hesso überlegte kurz.

»Ulfric? Ein starker Name«, sagte Hesso.

»Es ist ein guter Name«, erklärte Alvis ehrfürchtig und wagte nicht, den Fürsten dabei anzuschauen.

Hesso der II. von Backnang hob das Schwert in die Luft und schlug damit auf einen unsichtbaren Gegner ein. Sein Pferd stellte sich dabei auf die Hinterbeine und tänzelte.

»Seht mein Schwert Ulfric! Geschmiedet von Alvis Meisterklinge. Mit ihm werden wir Jerusalem befreien!«

Die Gefährten von Hesso jubelten ihm zu und die Gruppe sprengte im Galopp in Richtung Maubach davon. Einer der Begleiter Hessos warf im Wegreiten Alvis noch einen Geldbeutel zu.

Alvis schaute der Gruppe nach, die in Richtung Osten verschwand, und wog den Geldbeutel in seiner Hand. Das war mehr als er verlangt und erwartet hatte. Dann ging Alvis in den Wohnraum der Schmiede, versteckte das Geld und warf sich auf das Lager aus Stroh. Drei Tage und zwei Nächte hatte er fast nicht geschlafen und an diesem Schwert gearbeitet. Er war schrecklich müde. Der letzte Gedanke, den er vor dem Einschlafen hatte, galt den Worten seines Fürsten: Alvis Meisterklinge, Schmied von Ulfric, dem Schwert von Hesso dem II. von Backnang.

Das gefiel ihm.

Patricia Rieger

Patricia Rieger wurde 1965 in der Schweiz geboren. Nach ihrem Abitur absolvierte sie ein Fachhochschulstudium und arbeitet nun in der Kommunalverwaltung.
Aus Spaß am Geschichtenerzählen schreibt sie für ihre Töchter, Freunde und Familienangehörige Fantasy-Romane. Angeregt durch die Ausschreibung, der »Backnang Stories 2014« begann sie damit Kurzgeschichten zu schreiben, von denen inzwischen sechs Texte in verschiedenen Anthologien veröffentlicht wurden.

Patricia Rieger konnte gleich mit ihren beiden Geschichten die Jury überzeugen:
>»Ein Fall für Barny Schäfer«
>»Ein alter Bekannter«

Wir gratulieren ihr mit:
»Ein Fall für Barny Schäfer«
zum 1. Platz und wünschen ihr weiterhin viel Erfolg.

Der Preis wurde mit freundlicher Unterstützung gesponsert:

Ein Fall für Barny Schäfer

Etwas lag in der Luft. Ein Hauch von Tod, Verwesung und Elend in der noch undurchdringlichen Finsternis eines viel zu milden Wintermorgens. Barny spürte, wie sich seine Nackenhaare aufrichteten, ein untrügliches Zeichen dafür, dass es für ihn gleich Ärger oder Arbeit – oder auch beides – geben würde.

Prüfend schaute er zu seinem Partner Eddie hinüber, ob ihm vielleicht auch etwas aufgefallen war. Doch Eddie stapfte nur mürrisch durch den ekligen Schneematsch, der die Uferpromenade der Murr bedeckte.

Unwillig schnaufend überließ Barny den Freund seiner schlechten Laune und konzentrierte sich noch stärker auf seine Umgebung. Seit Eddie vor einem guten Jahr aus Altersgründen den Polizeidienst quittiert hatte, wurde er immer häufiger ein Opfer dieser dunklen Stimmungen.

Barny wusste, dass sein Partner sich langweilte und – noch schlimmer – sich nutzlos fühlte. Das war mit ein Grund gewesen, warum er sich kürzlich entschlossen hatte, die Detektei Spürnase zu gründen. Schließlich hatten sie beide in ihren aktiven Zeiten unter den Kollegen immer als die besten Schnüffler gegolten.

Barny war seinem Partner in den Ruhestand gefolgt, obwohl er problemlos noch ein paar Jährchen hätte anhängen können. Doch ohne Eddie wäre es nicht mehr dasselbe gewesen. Außerdem brauchte ihn sein Freund mehr als sein Dienstherr. Auch wenn es manchmal nur darum ging, ihn, so wie heute, zu nachtschlafender Zeit bei seinem Morgenspaziergang zu begleiten.

Senile Bettflucht nennt man das wohl, grinste Barny in sich hinein, als ihn der Geruch nach Tod wie eine Welle aus Richtung des Stauwehrs überrollte. Er gab ein angewidertes Grunzen von sich und schlitterte durch den aufspritzenden

Schneematsch die Böschung hinunter. Ein Ruf und Eddie erwachte aus seiner Lethargie.

Zehn Sekunden später starrten sie auf eine leblose Gestalt, die im Lichtkegel von Eddies Helmlampe seltsam unförmig aussah.

»Scheiße, der hat sicher kein freiwilliges Bad genommen«, zischte Eddie durch die Zähne, während er bereits die Notrufnummer in sein Handy eingab. »Wir müssen ihn hier weghaben, bevor der Tumult losbricht.«

Eine halbe Stunde später beobachtete Barny, wie der Tote aus dem Wasser gezogen wurde. Er kannte ihn flüchtig. Bei der Polizei hatte man ihn nur den Hundemann genannt. Ein Obdachloser mittleren Alters, der immer mal wieder in Backnang auftauchte und mit seinem total verwahrlosten Chihuahua-Mix Mücke die Unterführungen und Fußgängerzonen unsicher machte.

Barny wusste, dass es den Hunden Obdachloser oft besser ging als manchen Hofhunden, die ihr Leben lang einsam in ihren Zwingern oder an der Kette dahinvegetierten. Doch der Alkohol hatte den Hundemann zum Schluss so kaputt gemacht, dass er nicht mehr in der Lage gewesen war, sich um sein Tier zu kümmern. Vor einigen Wochen hatte man ihm Mücke weggenommen und in eine Tierpflegestelle gebracht.

»Bestimmt besoffen und dann in die Murr gestürzt«, hörte Barny den jungen, schnöseligen Kriminalkommissar sagen. Er schaffte es, trotz der frühen Morgenstunde auszusehen, als sei er gerade einem Männermagazin entsprungen.

Ist ja mal wieder typisch, stöhnte Barny innerlich. *Diese jungen Hunde sind so damit beschäftigt, cool zu sein, dass sie ihr Hirn komplett ausschalten. Bemerkte der Kerl denn nicht die ungewöhnliche Blaufärbung der Zunge des Toten? Oder den merkwürdigen Geruch, der von ihm ausging? Er wettete ein großes, saftiges Rindersteak darauf, dass im pathologischen Befund des Rechtsmediziners von Spuren von Gift die Rede sein würde.*

Barny fasste den Toten noch einmal scharf ins Auge, bevor die Männer ihn in einen Leichensack steckten. Der Hundemann hatte zum Zeitpunkt seines Todes seine übliche Kleidung getragen. Eine zerbeulte Cordhose, den fadenscheinigen Mantel, ausgelatschte Sportschuhe und eine Wollmütze. Den alten, dunkelgrünen Kaschmirschal, der seinen dürren Hals umschloss wie ein nasser Galgenstrick, hatte Barny noch nie an ihm bemerkt. Er sah zwar ziemlich mitgenommen aus, hatte aber sicher schon sehr viel bessere Tage erlebt.

Der Tote wurde nun abtransportiert. Für Barny gab es hier fürs Erste nichts mehr zu tun. Er musste bis heute Abend warten. Jeden Sonntagabend traf Eddie sich mit seinen alten Kollegen auf ein Bier in der Pilsbar. Barny, der den Gestank von Bars nicht mochte, begleitete seinen Freund zwar bis vor die Tür, nutzte dann aber die freie Zeit, um einige sehr wichtige Kontakte zu pflegen und seine ganz eigenen Ermittlungen durchzuführen.

Der heutige Abend sollte sich dann auch als sehr aufschlussreich erweisen. Vor allem sein Gespräch mit Piet Fox.

Piet war ein junger, drahtiger Bursche, der Barny zutiefst bewunderte. Seine Familie war etwas überfordert mit dem Jungen und ließ ihm zu viele Freiheiten. Barny hatte Piet kennengelernt, als der Kleine sich in einer üblen Rauferei mit drei doppelt so großen Kerlen befunden hatte. Piet war ein Adrenalinjunkie und hatte wohl wieder einmal eine zu kesse Lippe riskiert. Er wäre von der Bande übel zugerichtet worden, wenn Barny nicht eingegriffen hätte. Seither hatte er Piet ein wenig unter seine Fittiche genommen und als Informant ausgebildet. Und diese Rolle erfüllte der Junge mit Bravour.

Auch heute kam er sofort an den Gartenzaun gerannt, als

Barny vor seinem Haus erschien. Sein drahtiger Körper bebte vor Aufregung.

»Schlimme Sache, Chef, ganz schlimme Sache«, japste er wichtig. »Die ganze Stadt ist in heller Aufregung wegen dem Hundemann. Überall schnüffeln die Bullen rum. Und stell dir vor: Sie haben sogar die arme Mama Gerti belästigt!« Der letzte Satz endete in einem empörten Aufjaulen.

Barny kniff überrascht die Augen zusammen. »Mama Gerti? Was soll die denn damit zu tun haben?«

»Keine Ahnung«, winselte Piet. »Aber ihre Jungs und Mädels sind vollkommen aufgelöst. Sie sagen, Mama Gerti hat danach sogar geweint! Die Schnüffler haben das ganze Haus durchsucht. Und den Garten mit dem Gartenhäuschen.«

Nachdenklich rieb Barny seine Stirn am Gatter. Die alte Gertrud Wenger kümmerte sich sehr engagiert um obdachlose Tiere. Sie wurde von allen nur liebevoll „Mama Gerti" genannt. Unmöglich, dass sie etwas mit dem Toten aus der Murr zu tun hatte. Obwohl ...

»Sag mal, war sie es nicht, zu der man die kleine Mücke des Hundemanns gebracht hat?«, fragte er Piet.

»Genau!« Piet hopste ungeduldig von einem Bein auf das andere. Der Kerl konnte aber auch wirklich keine Sekunde stillstehen.

»Und anscheinend hat sich der Hundemann danach immer wieder in der Nähe ihrer Hütte herumgetrieben. Er hat wohl versucht, Mücke zurückzuholen. Der alte Karl sagt, dass es deshalb zu einem bösen Streit zwischen den beiden kam.«

»Das erklärt einiges«, grummelte Barny. »Aber ich brauche mehr Informationen. Einen Augenzeugen. Wie sieht's mit Freddy Dreibein aus? Mama Gertis Hütte liegt doch in seinem Revier. Schaff mir den Burschen morgen um dieselbe Zeit her! Ich bring ihm die übliche Bezahlung.« Er nickte dem Jungen zu, bevor er sich zum Gehen wandte.

»Gute Arbeit übrigens, Kleiner.«

Grübelnd erreichte Barny die Pilsbar. Wie immer war sein Timing perfekt, denn keine Minute später kam auch schon Eddie heraus. Auch er hatte die Augen finster zusammengekniffen. Er nickte Barny knapp zu und machte sich murmelnd auf den Heimweg.

»Eine ganz üble Sache ist das!«

Barny spitzte die Ohren. Wenn Eddie in seinen Selbstgespräch-Modus verfiel, wurde es meistens interessant.

»Ausgerechnet die alte Gertrud Wenger, wer hätte das gedacht? Sonst so eine gute Seele. Aber wenn es um gequälte Viecher geht, wird sie selber zum Tier. Nicht auszudenken, wenn sich der Verdacht bestätigt. Was wird dann aus all ihren Schützlingen? Ich muss morgen unbedingt aufs Revier.«

Das hörte sich gar nicht gut an. Barny schlurfte finster hinter Eddie her. Es gab offensichtlich einen sehr dringenden Verdacht gegen Mama Gerti. Aber der musste falsch sein. Barny kannte die Menschen. Und Mama Gerti war ganz sicher keine, die einem anderen Lebewesen Schaden zufügen konnte. Bestimmt hatte einer dieser jungen Hohlköpfe einen wichtigen Tatbestand bei den Ermittlungen übersehen. Barny würde seinen Partner morgen aufs Revier begleiten und sich selber anhören, was die Spurensuche bisher aufgedeckt hatte.

Es wurde eine sehr unruhige Nacht für Barny, da ihm ununterbrochen die unterschiedlichsten Theorien durch den Kopf spukten. Irgendetwas hatte er übersehen. Eine winzige Kleinigkeit nur, aber sie konnte wichtig genug sein, um Klarheit in diesen dubiosen Fall zu bringen.

Als er am Montagmorgen in die Küche geschlurft kam, stand Eddie bereits mit einem Becher Kaffee vor der überdimensionalen Pinnwand, die ihm die Kollegen zum Abschied geschenkt hatten, und studierte den Stadtplan von

Backnang. Barny sah, dass Eddie bereits verschiedene Tatorte mit kleinen Fähnchen gekennzeichnet hatte. Eines steckte beim Stauwehr, ein anderes in der Eugen-Adolf-Straße, dort, wo Mama Gerti wohnte.

»Er muss von Gertrud Wengers Haus aus den Verbindungsweg runter zur Oberen Walke genommen haben«, murmelte er vor sich hin und schlürfte seinen Kaffee. »Dort ist er dann in die Murr gestürzt. Bin mal gespannt, wie lang er im Wasser gelegen ist.« Eddie sah auf seine Uhr und knallte den Becher auf die Spüle. »Los geht's, alter Freund! Die ersten Ergebnisse müssten inzwischen vorliegen.«

Barny gähnte noch einmal ausgiebig und kratzte sich am Ohr. So wie es aussah, fiel sein Frühstück heute flach. Aber egal. Eddie hatte endlich mal wieder dieses gewisse Funkeln im Blick. Das war es ihm wert, mit knurrendem Magen hinter ihm herzurennen.

Die Tatsache, dass sein Erzrivale Rex Dober mit Partner Gerry die Ersten waren, die ihnen im Revier über den Weg liefen, ließ seine Laune allerdings in Sekundenschnelle in den Keller sinken. Seit Eddie und er den Polizeidienst quittiert hatten, versuchte Rex, Barnys Stellung dort einzunehmen. Und einige Kollegen ließen sich durch seine athletische Statur, das schneeweiße Zahnpasta-Lächeln und das arrogante Auftreten darüber hinwegtäuschen, dass der Kerl mehr Muskeln als Hirn besaß.

»Was wollt ihr denn hier?«, warf Rex sich bei Barnys Anblick in die Brust. »Wir müssen arbeiten und haben keine Zeit für Rentner.«

Barny bleckte die Zähne und gab ein dumpfes Grollen von sich. Unsicher duckte Rex sich und Barny sah voller Genugtuung, dass sich sein Schwanz wie von selbst beschwichtigend bewegte. Alter hin oder her, aber Rex hatte einfach nicht das Zeug zu einem Alphatier – ganz im Gegensatz zu Barny.

»Was gibt's Neues im Fall des Hundemannes?«, knurrte Barny nur.

»Der ist durch«, brummte Rex unwillig zurück. »Die alte Gerti hat ihn mit einem Pflanzenschutzmittel vergiftet, weil er sich Mücke zurückholen wollte. Muss schon letzten Mittwoch passiert sein. Das Gift hat man in ihrem Gartenhäuschen gefunden. Ihr braucht eure Nasen also nicht weiter da reinstecken und wieder mal Probleme sehen, wo es keine gibt.«

Der Kerl ist doch einfach zu dämlich, sinnierte Barny, während er Rex mit seinem Alpha-Blick niederstarrte, bis dieser sich auf den Bauch legte. *Wie ist man hier nur auf die Schnapsidee gekommen, Schäferhunde gegen Dobermänner auszutauschen? Gut, rennen können die Kerle, aber das mit dem Kombinieren ist bei denen doch reine Glückssache.*

Bis zum Abend hatte Barny seinen Unwillen verdrängt.

Aufmerksam durchforschte er die Dunkelheit nach einer kleinen, deformierten Gestalt, während Piet neben ihm auf und ab lief und jede Zaunlatte bereits zum vierten Mal beschnupperte.

Freddy Dreibein schaffte es dennoch, bis auf wenige Meter unbemerkt an Barny heranzukommen. Der Kerl war einfach gut. Aber nur so hatte er es die ganzen Jahre über schaffen können, den Hundefängern zu entgehen und sein freies Leben auf der Straße zu führen.

Wortlos legte Barny den riesigen Rinderknochen vor Freddy ab, die übliche Bezahlung für Informationen.

»Kommt mit!«, zischte dieser nur, schnappte nach dem Knochen, der halb so groß war wie er selber, und humpelte auf seinen drei Beinen erstaunlich flink davon.

Freddy führte sie in die Eugen-Adolf-Straße direkt vor Mama Gertis Haus. Kurz stutzte Barny, als er aus der Nähe einen merkwürdig vertrauten Geruch auffing, doch da richtete sich auch schon ein riesiger Schatten hinter dem Zaun auf.

Ungeschickt wankte Karl, der älteste von Mama Gertis Schützlingen, näher.

»Bist du das, Freddy?« Sehen und Riechen bereiteten dem gigantischen Bernhardiner-Doggen-Mischling inzwischen schon genauso viele Probleme wie das Laufen.

»Wer sonst?«, knurrte Freddy unwirsch. »Erzähl den beiden, was du mir erzählt hast!«

»Mama Gerti hat nichts mit der Sache zu tun«, beeilte sich Karl, der Aufforderung nachzukommen. »Sie war den ganzen Abend mit uns im Wohnzimmer und hat ferngesehen. Mücke hat gehört, wie der Hundemann ums Haus geschlichen ist, aber sie hat den Mund gehalten. Sie wollte nicht, dass Mama Gerti auf ihn aufmerksam wird und sich wieder so aufregt wie beim letzten Mal, als sie mit dem Hundemann gestritten hat. Mücke möchte nämlich hierbleiben. Der Hundemann ist dann wieder verschwunden. Er lungerte allerdings noch eine Weile beim widerlichen, alten Sauertopf herum. Hat dort wohl nach was Essbarem gesucht.«

»Das ist der Nachbar«, erklärte Freddy, als er Barnys fragenden Blick auffing. »Er hasst Hunde, vor allem, wenn sie ihm die Mülltonnen durchwühlen.«

Wie auf ein Stichwort öffnete sich im Nachbarhaus die Eingangstür und ein klappriger und offensichtlich sehr erboster alter Mann erschien. Er trug einen dicken Flanellmorgenmantel und einen nagelneuen dunkelgrünen Kaschmirschal. Fluchend und geifernd fuchtelte er mit seinem Stock durch die Luft in Richtung ihrer kleinen Versammlung.

»Haut endlich ab, ihr widerlichen Drecksköter, sonst werdet ihr euer blaues Wunder erleben! Verrecken sollt ihr! Erbärmlich verrecken, alle miteinander!«

Barny sog scharf die Luft ein. Er kannte diesen Geruch, der von dem zeternden Mann zu ihm herüberschwappte. Er hatte ihn schon einmal an einem fadenscheinigen, alten Schal wahrgenommen, der um den Hals eines Toten geschlungen war.

Da war sie endlich, die winzige Kleinigkeit, die er bisher übersehen hatte.

»Die Müllabfuhr ist hier doch mittwochs«, vergewisserte Barny sich mit bebenden Flanken. Plötzlich bekam alles einen Sinn. Schließlich wühlten nicht nur Hunde in Mülltonnen herum. Manchmal gab es auch Menschen, denen es so schlecht ging, dass sie im Abfall anderer Leute nach abgelegter warmer Kleidung und Essensresten suchten. Leute wie der Hundemann.

Der Fall war gelöst, jetzt musste er nur noch Eddie klarmachen, was Sache war.

Zum Glück war sein Partner auf Zack. Als Barny ihn am nächsten Abend zum Haus des alten Sauertopfs zerrte, geschickt die zur Abfuhr bereitgestellte Mülltonne öffnete und sehr vorsichtig ein mit Pflanzenschutzmittel präpariertes Stück Pizza herausholte, brachte Eddie es ohne groß nachzufragen ins Labor. Wahre Partner hatten es eben nicht nötig, lange Erklärungen abzugeben.

»Der Hundemann sollte gar nicht getötet werden. Es galt einzig und allein den Streunern«, murmelte Eddie kopfschüttelnd und legte befriedigt den aktuellen Polizeibericht zur Seite. Grinsend stellte er Barny einen Teller mit einem riesigen, blutigen Rindersteak vor die Nase. »Von wegen Rentner, was, mein Freund?«

Ein alter Bekannter

Heute Morgen hat mich der Ruf eines Raben geweckt. Es war noch dunkel. Und da wusste ich, dass ich ihn wiedersehen würde. Nach all diesen Jahren.

Nun stehe ich am Fenster und beobachte, wie ein neuer Tag erwacht. Er verspricht schön zu werden. Genauso schön wie damals, als ich ihn zum ersten Mal traf. Viele Erinnerungen sind seither verblasst oder sogar verloren gegangen. Aber diese eine ist mir noch immer so klar in Erinnerung, als wäre es erst gestern geschehen.

Ich sehe mich wieder als kleines Mädchen, das mühsam durch die zerstörten Straßen Backnangs humpelte. Der große Stadtbrand, welcher durch die Franzosen gelegt worden war, lag nur wenige Jahre zurück. Und obwohl ich beim Brand erst vier Jahre alt gewesen war, konnte ich mich noch gut an das Entsetzen, die Schreie und den beißenden Rauch erinnern. An die Panik meiner Mutter, der es damals gelungen war, mit mir und meinem ungeborenen Bruder dem Flammeninferno zu entkommen. Mein Vater und meine beiden älteren Brüder hatten nicht so viel Glück gehabt.

Die ältere Schwester meiner Mutter hatte uns damals bei sich aufgenommen. Ihr Hof lag außerhalb Backnangs und war den Flammen entgangen. Seither lebten Mutter, mein kleiner Bruder und ich dort und halfen der Tante und ihren beiden Söhnen beim Bewirtschaften des Hofes. Mein Onkel war ebenfalls beim Angriff der Franzosen umgekommen.

Es waren harte Zeiten. Ich erinnere mich an die nie endende Arbeit im Stall und auf den Feldern, an das nagende Hungergefühl, das unser ständiger Begleiter war, und an die vielen Krankheiten, die uns immer wieder heimsuchten. Eine davon überlebte ich nur knapp. Sie hinterließ mir ein lahmes Bein und eine schwache Konstitution. Ich konnte keine schweren Arbeiten mehr verrichten und in der kalten Jahreszeit wurde ich von schrecklichen Hustenkrämpfen gequält.

Doch an diesem besonderen Tag strahlte die Sonne warm von einem wolkenlosen Himmel und ich strahlte mit ihr um die Wette. Meine Tante hatte mich am Morgen auf einen Botengang nach Backnang geschickt. Ich sollte der Bäckersfrau Marianne eine unserer selbst gemachten Salben aus Gänseschmalz und Ringelblumen für ihre schmerzenden Gelenke bringen. Marianne hatte uns dafür einen Sack ihres besten Mehls versprochen und für mich einen Kanten Brot aus ihrer Backstube geholt. So schnell es mein lahmes Bein erlaubte, lief ich nun mit meinem Schatz Richtung Murr, wo ich mein Brot ungestört genießen wollte.

Mein Weg führte mich am Weberhaus vorbei. Die meisten Privathäuser waren seit dem Stadtbrand, der zu diesem Zeitpunkt sieben Jahre zurücklag, noch nicht wieder vollständig aufgebaut worden. Auch der Weber hauste mit den wenigen Familienangehörigen, die den verheerenden Brand überlebt hatten, nach wie vor in den verkohlten Ruinen. Wie Marianne mir erzählt hatte, litt die Weberfamilie nun auch noch an einer furchtbaren Krankheit. Keiner wagte sich, aus Angst vor einer Ansteckung, in ihre Nähe. Auch ich wollte gerade einen weiten Bogen um diesen Ort schlagen, als ich den Fremden sah.

Er stand einfach nur da und blickte auf die Ruinen des Weberhauses – eine große, hagere Gestalt, von Kopf bis Fuß in einen dunklen Kapuzenumhang gehüllt. Etwas in seiner Haltung rührte mich an. Er wirkte irgendwie verloren und sehr, sehr einsam. Obwohl ich sein Gesicht nicht sehen konnte, wusste ich, dass er sehr alt sein musste. Alte Menschen waren in diesen Zeiten ein seltener Anblick, denn nur wenige von ihnen hatten den Brand überlebt. Und obwohl ich ein eher schüchternes Kind war, das fremde

Menschen lieber mied, humpelte ich nun auf den Alten zu.

»Ihr solltet besser weitergehen, Großvater«, sprach ich ihn leise an. »In diesem Haus wütet eine schreckliche Krankheit. Ihr könntet euch anstecken.«

Der Fremde wandte sich langsam zu mir um.

Ich hörte den hohlen Ruf eines Raben und für einen kurzen Augenblick schien die ganze Welt stillzustehen, während ich in die Augen des Fremden blickte. Sie waren tief und dunkel, und voller Schmerz. Und sie schienen mir mitten in meine Seele zu blicken. Dann verzogen sich die schmalen Lippen zu einem traurigen Lächeln, sodass sich die bleiche, trockene Haut um seinen Mund in scharfe Falten legte.

Schüchtern lächelte ich zurück. Doch plötzlich lief ein Beben durch die hagere Gestalt vor mir. Der Alte schwankte und schloss gequält die Augen.

Aus den Ruinen des Weberhauses erklang ein herzzerreißender Klageruf.

Als mich der Fremde wieder anblickte, schien auch noch der letzte Rest Farbe aus seinem Gesicht verschwunden zu sein, sodass ich beinahe die bleichen Knochen durch die durchscheinende Haut zu erkennen glaubte. Er stützte sich schwer auf seinen Stock. Entschlossen griff ich nach seiner Hand. Sie fühlte sich warm und trocken an, wie zerknittertes Pergament, das lange in der Sonne gelegen hatte.

»Kommt, Großvater, Ihr seid müde. Ich führe Euch an einen Ort, an dem Ihr Euch etwas ausruhen könnt. Ich gehe auch immer dorthin, wenn ich traurig oder erschöpft bin.«

Die knochigen Finger in meiner Hand erbebten kurz und der Schmerz in den schwarzen Augen verschwand. Stattdessen starrte mich der Alte fassungslos an.

»Du möchtest, dass ich mit dir komme, Kind? Fürchtest du dich denn nicht?«

Jetzt war ich es, die ihn verblüfft ansah.

»Warum sollte ich? Ich habe Ehrfurcht vor Eurem Alter,

Großvater, aber ich fürchte Euch nicht. Wisst Ihr, seit dem großen Stadtbrand gibt es nicht mehr viele Alte hier. Meine Großeltern sind auch im Feuer umgekommen. Und ich vermisse sie noch immer.«

In diesem Augenblick blickte die Bäckersfrau aus ihrer Backstube und wedelte mit den Armen.

»Was stehst du da und hältst Maulaffen feil, Mädchen? Mach, dass du von der Straße kommst, weg vom Weberhaus! Hast du mir vorhin denn nicht zugehört, dummes Kind?«

Ich winkte ihr beschwichtigend zu und führte den Alten an der Hand in Richtung Murrufer zu meiner Lieblingsstelle, die durch die dichte Böschung kaum einsehbar war. Wenn ich in Backnang war, kam ich immer hierher, wenn ich ungestört sein wollte – oder um neue Kraft für den Heimweg zu schöpfen.

Kurz bevor wir dort ankamen, rumpelte ein schweres Fuhrwerk an uns vorbei. Es gehörte dem Weller-Bauern, dessen Hof direkt neben dem meiner Tante lag. Doch im Gegensatz zu uns war er einer der wohlhabenden Bauern in unserer Gegend.

Der alte Weller war vor einigen Wochen von seinem Zuchtbullen am Bein verletzt worden und die Wunde wollte nicht richtig heilen. Anscheinend ging es ihm nun so schlecht, dass sein Sohn Hannes ihn zum Wundarzt brachte.

Als der alte Weller mich mit dem Fremden erblickte, stieß er einen Entsetzensschrei aus, richtete sich mühsam von seinem provisorischen Lager hinten auf der Pritsche auf und rief mir etwas zu, das im Rumpeln der Räder unterging. Ich dachte nicht weiter darüber nach und führte den Fremden weiter durch das Gestrüpp ans Ufer der Murr, wo er sich mit einem leisen Seufzer niederließ. Er wirkte noch immer so mitgenommen, dass mir die Entscheidung nicht schwerfiel. Entschlossen hielt ich ihm meinen Brotkanten entgegen.

»Hier! Esst das, Großvater! Das wird Euch neue Kraft geben. Ihr seid bestimmt schon sehr lange unterwegs.«

Wieder sah mich der Fremde so prüfend an, dass ich schließlich verlegen zu Boden blickte. Dann griff er nach dem Brot.

»Das bin ich in der Tat, meine Kleine. Länger als du es dir vorstellen kannst.« Er brach den Kanten in zwei Hälften und reichte mir eine davon. »Du hast ein gutes Herz, Kind. In all dem Elend hier hast du dir dein gutes Herz bewahrt. Das findet man nicht oft.«

Und so saßen wir einfach nur nebeneinander, aßen das altbackene Brot und lauschten dem Gesang der Vögel und dem Rattern der Fuhrwerke. Von der Bleichwiese drangen das Gelächter und der Gesang der Waschfrauen zu uns herüber, die dort ihre Wäsche in der Sonne trockneten.

Als der Fremde sein Brot verspeist hatte, wandte er sich mir wieder mit seinem forschenden Blick zu und befragte mich nach meinem Leben.

Ich erzählte ihm von dem Brand, unserem Hof und der Krankheit, der ich fast erlegen wäre. Er hörte mir so geduldig und interessiert zu, dass ich ihm bald schon meine geheimsten Sorgen und Wünsche verriet, die ich noch nie zuvor irgendjemandem anvertraut hatte. Ich erzählte ihm, wie die anderen Kinder mich verspotteten und mit Steinen bewarfen, wenn ich an ihnen vorbeihumpelte. Vor allem die groben Bauernlümmel aus der Nachbarschaft. Nur Hannes nicht.

Hannes, der ein paar Jahre älter war als ich, schritt immer ein, wenn er sah, dass die anderen mich quälten. Hannes war mein Held und ich liebte ihn mit jeder Faser meines jungen, schwachen Herzens. Wenn er bei den Dorffesten mit den anderen Mädchen tanzte, lag ich die ganze Nacht wach und weinte in meine Decken.

Als schließlich alles, was mich bewegte, aus mir herausgesprudelt war, nickte der Fremde verständnisvoll und starrte eine Weile grübelnd in das Wasser der Murr.

»Wirst du mich morgen noch einmal hier treffen, mein

Kind?«, fragte er schließlich.

»Aber gerne«, strahlte ich zurück. Ich hatte schon befürchtet, dass ich ihn mit meinem Redeschwall gelangweilt hätte. »Zur selben Zeit wie heute?«

Er nickte mit diesem seltsam traurigen Lächeln.

»Lass dich durch nichts und niemanden davon abbringen, meine Kleine! Und nun lauf heim, bevor man dich vermisst!«

Ich hatte nun so viel zu überdenken, dass mir der Heimweg viel kürzer vorkam als sonst. Doch gerade, als ich in unseren Hof einbiegen wollte, kam mir Hannes entgegengelaufen.

»Gut, dass du endlich wieder da bist!«, rief er schon von Weitem. Er wirkte ungewöhnlich beunruhigt. »Du musst sofort mit zu meinem Vater kommen. Seit er dich vorhin in Backnang gesehen hat, ist er völlig außer sich.«

»Er macht sich sicher Sorgen, weil ich mit dem Fremden gesprochen habe«, versuchte ich Hannes zu beruhigen, obwohl mein eigenes Herz bei seinem Anblick wie wild klopfte. »Aber das ist nicht nötig. Er ist ein sehr netter alter Mann.«

Hannes stutzte kurz. »Von wem sprichst du? Ich habe keinen Fremden gesehen.«

Kopfschüttelnd nahm er meinen Arm und stützte mich, damit ich schneller vorankam. Seine Nähe brachte mich so durcheinander, dass ich keinen klaren Gedanken mehr fassen konnte, bis ich vor dem Bett des alten Wellers stand.

Hannes Vater sah krank und eingefallen aus. Seine Augen glänzten fiebrig und seine großen, abgearbeiteten Hände bewegten sich unruhig auf der Decke.

»Du bist in Gefahr, Kind!«, stammelte er rau, als er mich sah. »Wenn du ihn noch einmal siehst, lauf fort! Lauf, so schnell und so weit du nur kannst. Er bringt jedem, der ihn sieht, Tod und Verderben. Für mich ist es zu spät, aber du bist noch so jung! Lauf, Mädchen, lauf schnell fort!« Ein

Hustenanfall erschütterte ihn und er sank röchelnd in sein Kissen zurück. Dann verlor er das Bewusstsein.

Wie ich am nächsten Tag erfuhr, wachte er nicht mehr auf.

In dieser Nacht peinigte mich meine schwache Lunge trotz der warmen Witterung schlimmer als je zuvor. Meine Brust schmerzte und ich hustete Blut. Ich hörte, wie meine Tante zu meiner Mutter sagte, dass ich das Haus verlassen müsste, falls ich mich beim Weber in Backnang angesteckt hätte.

Am nächsten Morgen fühlte ich mich schwach und fiebrig. Trotzdem quälte ich mich in die Höhe und machte mich fertig für meinen Gang nach Backnang. Die anderen arbeiteten im Stall, als ich mich leise aus dem Haus schlich.

Der Weg nach Backnang dauerte heute doppelt so lang wie am Vortag, doch schließlich kam ich zur vereinbarten Zeit an unserem Treffpunkt an. Der Fremde erwartete mich bereits und sah mir besorgt entgegen. Als ich schwer atmend vor ihm stand, nickte er beifällig und deutete auf den Platz an seiner Seite. Wie am Vortag setzte ich mich neben ihn ans Ufer.

»Du hast dein Versprechen gehalten, Kind, das ist gut.« Er lächelte, und diesmal war es kein trauriges Lächeln. »Nun kann ich mich angemessen von dir verabschieden.«

»Dann bleibt Ihr nicht länger hier, Großvater?«, fragte ich bekümmert. Obwohl ich ihn doch kaum kannte, war mir, als würde ich mit ihm meinen einzigen Freund verlieren.

»Ich muss wieder weiterziehen, mein liebes Kind.«

Er wiegte den Kopf, als er meine betrübte Miene sah, und griff in eine Tasche seines Umhangs. Als ich sah, was er daraus hervorzog, lief mir das Wasser im Mund zusammen. Sein Lächeln vertiefte sich, als er mir das duftende, goldfarbene Rosinenbrötchen entgegenhielt.

»Das habe ich dir mitgebracht, meine Kleine.«

»Das ist für mich?« Ich konnte es nicht glauben.

So etwas aßen die großen Herren an ganz besonderen Festtagen. So hatte ich es jedenfalls gehört. Ich selber hatte einen solchen Schatz noch nie mit eigenen Augen gesehen.

»Das ist ganz allein für dich, mein Kind«, nickte der Alte nun mit sehr ernster Miene. »Und es ist sehr wichtig, dass du es auch ganz alleine isst! Ich weiß, du hast ein gutes Herz, aber dieses Brötchen darfst du mit niemandem teilen, es ist nur für dich bestimmt. Am besten, du isst es gleich hier, sobald ich gegangen bin, versprichst du mir das?«

Ich nickte andächtig und er legte mir die Leckerei in die Hände.

»Du siehst, so schließt sich der Kreis«, schmunzelte er. Ich hatte ihn noch nie so vergnügt gesehen. »Bei unserer ersten Begegnung hast du dein Brot mit mir geteilt. Und heute teile ich meines mit dir, meine Kleine.«

Er strich mir mit einem Finger über die Wange, erhob sich und wandte sich zum Gehen.

»Dann sehen wir uns nicht wieder?«, rief ich ihm traurig nach.

»Oh doch, mein Kind«, wandte er sich noch einmal zu mir um. »Es wird eine Weile dauern, aber dann werden wir uns ganz gewiss wiedersehen. Bis dahin bewahre dir dein gutes Herz und erfreue dich des Lebens.«

Ich sah ihm nach, wie er mit fast schon beschwingten Schritten in der Ferne verschwand. Sein schwarzer Umhang wehte um seine hagere Gestalt, als würde er mir ein letztes Lebewohl zuwinken.

Danach machte ich mich daran, mein Versprechen einzulösen und verspeiste das Rosinenbrötchen bis zum letzten Krümel. Es schmeckte wie eine Speise des Himmels. Mit jedem Bissen glaubte ich zu spüren, wie neues Leben in meinen ausgemergelten Körper und mein taubes Bein floss. Alles kribbelte und prickelte, bis ich am liebsten aufgesprungen wäre, um zu tanzen. Mir war so leicht und froh zumute wie noch nie zuvor in meinem Leben.

Die Jahre vergingen. Ich wurde gesund und kräftig wie die anderen Mädchen, die mich immer verspottet hatten. Und irgendwann tanzte Hannes mit mir durch die Nacht. Wir heirateten und bekamen vier wundervolle Kinder und später eine Schar gesunder Enkel. Wir hatten ein gutes Leben auf dem Wellerhof. Vor zwei Jahren ist Hannes dann von mir gegangen. Ich vermisse ihn noch immer, doch bald werde ich wieder bei ihm sein.

Ich verlasse meinen Platz am Fenster. Es ist Zeit, mich fertig zu machen.

Der Weg nach Backnang scheint mir heute kürzer zu sein als damals vor fünfzig Jahren. Doch mein Lieblingsplatz am Murrufer hat sich kaum verändert.

Er steht dort und wartet schon auf mich – eine große, hagere Gestalt, von Kopf bis Fuß in einen dunklen Kapuzenumhang gehüllt. Bei meinem Anblick strahlen seine schwarzen Augen auf. Heute sehe ich darin keinen Schmerz, nur tiefen Frieden.

»Da bist du ja, mein liebes Kind«, lächelt er, sodass sich die bleiche, trockene Haut um seinen Mund in scharfe Falten legt. Er streckt mir seine Hand entgegen. Ich ergreife sie. Sie fühlt sich warm und trocken an, wie zerknittertes Pergament, das lange in der Sonne gelegen hat.

Sabine Stähler

1962 wurde Sabine Stähler in Offenbach am Main geboren. Nach dem Abitur hat sie Orthoptistin gelernt. Bis zur Geburt ihrer Kinder übte sie diesen Beruf in der Sehschule der Augenarztpraxis Böhme in Backnang aus.
Schon als Zehnjährige schrieb sie gerne Geschichten, eine Leidenschaft, die sie ein Leben lang fesselte. Für ihre Kinder entwarf sie später Kasperle-Theater-Geschichten, deren Figuren und Kulissen sie selbst herstelle. Regelmäßig verfasste sie Reiseberichte. Ihr Bericht über Sardinien wurde in der Sonntag Aktuell veröffentlicht. Ebenfalls publiziert wurde ein Bericht über das Patiententreffen an Lungenhochdruck erkrankter Menschen in Löwenstein.
Ihre Hobbies sind: Paartanz, Lesen, Fremdsprachen und natürlich Schreiben.

Fehler

Fabian wäre es lieber gewesen, hätte er für den Auftrag nicht nach Backnang fahren müssen. Als dann auch noch nur kaltes Wasser aus der Brause lief, deutete er das als schlechtes Omen. Seine Putzfrau hatte vergessen, die Kaffeemaschine zu entkalken und Fabian fragte sich, ob man heutzutage verlernt hatte, konzentriert zu arbeiten.

Noch konnte er den Auftrag zurückgeben. Er könnte sagen, er habe nicht die passenden Geräte, oder so etwas in der Art. Aber wie stand er dann da? Fabian versuchte, sich zu beruhigen, indem er den Auftrag der Stadt Backnang gedanklich noch einmal durchging: Bodenproben einer ehemaligen Müllhalde sollten klären, ob die Verunreinigungen des kleinen Maubachs, ein Zufluss der durch Backnang fließenden Murr, von den einstigen Ablagerungen der Deponie stammen konnten.

Dass man ausgerechnet sein kleines geologisches Einmann-Institut beauftragt hatte, führte Fabian auf seine Effizienz und seinen Fleiß zurück.

Er hatte es mit seinen zweiunddreißig Jahren schon weiter gebracht, als manch einer seiner ehemaligen Mitschüler. Kein Wunder, dass er keinen Kontakt mehr zu ihnen hatte; wollte er auch gar nicht.

Fabian brauchte die Lagebeschreibung seines Auftraggebers nicht. Er wusste genau, wohin er musste.

Der Stadtrain 8 in Backnang war keine typische Jogger- oder Hundestrecke. Ein Eichelhäher schrie über die Muschelkalkbankungen, als Fabian das Gewinde des Handbohrers in die Tiefe kurbelte. In dem permeablen, brüchigen Stein war die Arbeit nicht besonders anstrengend. Doch plötzlich fehlte dem Bohrer Bodenwiderstand. Ein knirschendes Geräusch ließ Fabian innehalten. Die Steine unter seinen Füßen bewegten sich. Fabian richtete sich auf.

Augenblicklich verlor er das Gleichgewicht. Erschrocken ließ er den Handbohrer los und versuchte, sich mit den Händen abzustützen. Doch ein mächtiger Sog zog ihn mit einem Haufen Geröll in die Tiefe. Steine fielen in einen sich öffnenden Krater, dessen loser Rand sich rasend schnell verbreiterte.

Vergeblich versuchte Fabian, an der Oberfläche Halt zu finden. Seine Füße traten ins Leere, während er immer weiter nach unten rutschte. Damit hatte er nicht gerechnet.

Von oben prasselten kleine und große Steine. Ein Hitzeschwall durchschoss Fabians Körper. Seine Brust schien plötzlich in ein Eisenkorsett gepresst. Sein Herzschlag hämmerte dagegen. Fabian bekam keine Luft mehr, glaubte zu ersticken. Auf seiner Stirn bildeten sich Schweißtropfen und vor seinem inneren Auge entstanden Bilder der Vergangenheit. Urplötzlich war Fabian wieder der achtjährige Junge in Schöntals Scheune. Zwischen Strohballen hatte er mit seinem Freund Martin ein Versteck gebaut. Das war strengstens verboten gewesen. Nicht auszumalende Strafen erwarteten denjenigen, der sich dem Verbot widersetzte. Strafen, die schlimmer waren als Hausarrest oder Taschengeldentzug. Strafen, die so schlimm waren, dass die Erwachsenen das Maß nicht auszusprechen wussten. Strafen, die man ein Leben lang nicht vergessen würde. Doch das Halbdunkel der Scheune und die jeden Laut verschluckenden Strohballen boten ein Abenteuer wie kein Ort sonst. Hier entstanden Tunnel und Brücken, Kommandozentralen und Burgen, Cowboyforts und Indianerstätten. Hier wurde gekämpft, gejagt und geopfert und Bündnisse wurden geschlossen. Diesmal schlichen sich Fabian und Martin an den menschenfressenden Tiger an. Auf einem der oberen Strohballen leckte er sich gelangweilt sein Fell. Von zwei Seiten kommend wollten sie ihn überraschend gefangen nehmen. Vorsichtig kletterte Fabian an den Strohquadern entlang, griff in die Verschnürung, setzte seine Füße in die schmalen Zwischenräume. *Jetzt bloß nicht das Gleichgewicht verlieren.* Es raschelt und er schaute auf, ob die Katze etwas gemerkt haben könnte. *Glück gehabt.* Langsam ließ sich Fabian auf den Boden gleiten, um die nächste Wand aus Stroh besser erklimmen zu können. Mit beiden Händen griff er in die Verschlussbänder, zog sich hoch, suchte Halt für die Füße. Noch stand er nicht ganz sicher. Da bewegte sich der Strohballen, an dem er sich festhielt und Fabian rutschte wieder auf den Boden. Er wandte den Blick nach oben, um einen zweiten Versuch zu wagen. Doch die Strohwand wankte auf ihn zu, hing schief über ihm und schien in der Schiefstellung zu verharren, bis sich der oberste Quader löste und über ihm im Spalt hängen blieb. Das verschob den Strohstapel hinter ihm. Dieser bewegte sich und machte dem über ihm hängenden Strohquader den Weg nach unten frei. Weitere Strohballen fielen, verkeilten sich und ließen andere Ballen nachrutschen.

Die gesamte Ordnung geriet ins Wanken. Auf einmal war die Scheune voller Staub, der in den Augen brannte und auf der Haut juckte. Fabian duckte sich auf dem Boden, schützte mit beiden Armen den Kopf und hörte das Gerielsel fallenden Strohs, das Gepolter stürzender Strohballen. Lange kauerte er dort, traute sich nicht, sich zu bewegen. Nach einer Ewigkeit, endlich, schien Ruhe eingekehrt. Als Fabian aufschaute, war er im tiefsten Krater der Hölle. Hier gab es keinen Weg nach oben, keinen nach rechts oder links. Hier gab es nur gelbes Stroh, ohne eine Ordnung, ohne Gefüge, das sich kreuz und quer im Raum stapelte. Ohne dass Fabian auch nur eine Wand, nur ein Stückchen Scheunendach, nur einen Lichtstrahl hätte sehen können.

»Martin?«, rief er in das Chaos. Keine Antwort.

»Martin!«, rief er erneut unter der unheilvollen, ihn verschluckenden Strohwelt hervor. Auf seinen verstaubten Wangen rollten lautlose Tränen an die Mundwinkel. Wie sollte er hier je wieder herauskommen?

»Fabian ist mal wieder der Letzte«, zeterte der Vater, als er zu Hause ankam. Heimgeschlichen hatte er sich voll schlechtem Gewissen und die Hosen gestrichen voll vor Angst. Auf keinen Fall durfte rauskommen, dass Martin oder er in der Scheune gespielt hatten.

»Wasch dir die Hände und setz dich endlich an den Tisch!«

Fabian huschte ins Bad und vergewisserte sich im Spiegel, dass ihn kein Strohhalm verriet.

Der Steinregen hatte endlich aufgehört. Fabian schaute nach oben. Mindestens fünf Meter war er nach unten gestürzt. Wie hatte ihm als Geologe nur so etwas passieren können? Schließlich war damit zu rechnen gewesen, dass durch Lösungsprozesse Hohlräume auftreten könnten.

Fabian schloss die Augen. Dann atmete er tief aus und richtete sich auf. Ruhe bewahren – das hatte er in all den Jahren gelernt. Er hatte einige Schürfwunden an den Händen und im Gesicht, war aber dank des dicken Parkers unverletzt. Die Höhle, in der er sich befand, hatte einen unteren Durchmesser von mindestens zwei Metern, verjüngte sich dann aber schnell nach oben. Das einfallende Licht kam in der breiteren Tiefe nur als dämmriger Schimmer an. Es würde schwer sein, hier wieder herauszukommen.

Fabian schaltete sein Handy an. Kein Empfang. Er schluckte, hielt das Handy in die Höhe, lotete weitere Stellen aus. Ohne Erfolg. Hier gab es keinen Empfang.

»Hilfe!«, krächzte er aus seiner Angst heraus und doch wusste er, wie unsinnig das war. Hier kam niemand vorbei. Auf einmal fühlte sich Fabian unendlich müde. Seufzend schaute er nach oben. Wenn er hier raus wollte, musste er sich selbst einen Aufgang bauen. Versturzsteine lagen hier genügend. Und zum Glück war der Handbohrer auf dem Boden neben ihm.

Fabian zögerte. Was hatte er falsch gemacht? Wo lag sein Fehler? War es verkehrt gewesen, hier tiefere Bohrungen vorzunehmen? Er brauchte diese Aushübe für sein Gutachten, um unanfechtbar, gut und richtig zu sein. Unanfechtbar, vor allem unanfechtbar! Wieder schoss ihm eine Erinnerung durch den Kopf:

Als Fabian etwa sechs Jahre alt war, durfte er zeigen, wie groß er schon war. Aus Gründen, an die er sich heute nicht mehr erinnerte, war er mit seiner Großmutter allein zu Hause. Und er hatte von Vater den Auftrag bekommen, auf Oma aufzupassen. Nicht anders herum! Oma hatte damals bereits den zweiten Schlaganfall hinter sich, hatte sich auch diesmal wieder berappelt, brauchte aber für einige Handgriffe dennoch Hilfe. Und so nahm Fabian seine Aufgabe sehr ernst. Wie es sich für einen richtigen Krankenpfleger gehörte, setzte er sich zu Oma ins Wohnzimmer und ließ die alte Dame nicht aus den Augen. Oma las ihm Geschichten vor. Und dann beging er einen entsetzlichen Fehler: Er musste auf Toilette.

Als er wiederkam, stocherte Oma mit ihrer Krücke unter dem Sessel, hielt sich mit der anderen Hand am Tisch fest.

»Was machst du da, Oma?«, hatte Fabian damals gefragt.

»Meine Brille ...« Mehr musste die alte Frau nicht sagen, schon war Fabian auf den Knien.

Da stand, plötzlich heimgekehrt, Vater in der Tür und der frohe Moment platzte wie eine Seifenblase. Vaters Mundwinkel waren nach unten gezogen, seine Schultern hatte er leicht nach vorne geschoben. Er zerrte Fabian in den Flur.

»Hat dir das einer von uns vorgemacht? Hat dir einer gesagt, dass du Oma irgendetwas abnehmen sollst?«

Fabian schüttelte den Kopf.

»Dann denk gefälligst, bevor du handelst! Oder glaubst du, wir wollen hier einen Pflegefall? Von dir habe ich mehr erwartet!«

Denken hatte er inzwischen gelernt! Als Jahrgangsbester bekam er nach dem Abitur ein Stipendium und nach dem Master und der Doktorarbeit die Chance, weiterhin wissenschaftlich an der Uni zu arbeiten. Doch Fabian wollte sein eigener Chef sein. Die Arbeit im Team lag ihm nicht. Und als selbstständiger Geologe konnte er seine Handlungen selber bestimmen. Plötzlich sah sich Fabian wieder in der Schule.

Drillsergeant hatten sie ihn genannt, den Sportlehrer im Gymnasium. Er trainierte harte Männer, machte grundsätzlich jede Übung mit und verzieh keine Schwäche. Die von Niklas auch nicht.

»Wer einen Ball nicht fangen kann, der lernt es!«, hatte er gebrüllt und dann die Klasse Aufstellung nehmen lassen.

Nur Niklas stand, kleiner als alle anderen, im Tor, in dem er noch schmächtiger wirkte, als er ohnehin schon war.

»Und Schuss!« Der Lehrer blies in seine Trillerpfeife. Niklas war zum Abschuss freigegeben und die Klasse johlte.

»Und Schuss – und Schuss – und Schuss ...!«

Fabian war an der Reihe.

»Und Schuss!« Die Trillerpfeife schrillte.

Irgendetwas ließ Fabian zögern.

»Und Schuss!«

Pfiff – Pfiff.

Niklas duckte sich im Tor wie ein verängstigtes Tier in der Falle.

»Nun schieß endlich«, brüllte der Drillsergeant. Fabian umklammerte den Ball mit beiden Händen, schaffte es nicht zu werfen. Da stellte sich der Lehrer dicht an Fabians Seite, packte ihn an den Schultern und fixierte die Klasse.

»Der Fabian«, so begann er plötzlich ruhig, »ist ein ganz schön feiges Muttersöhnchen.« Die Ersten in der Klasse begannen zu glucksen. »Der Fabian hat Angst!« Das war schon lauter. »Er zittert«, polterte er nun, »vor der ungeheuren Rache unseres jammerwürdigen Torwarts!« Die Klasse grölte.

Der Lehrer ließ Fabians Schulter los, machte wieder einen Schritt nach hinten, dann blies er erneut in die Pfeife.

»Und Schuss«, brüllte er.

Da hob Fabian den Arm und donnerte den Ball ins Tor.

Fabian seufzte. Seine Klasse hatte ihn bald spüren lassen, wie unzulänglich er war. Der Drillsergeant hatte nur den Anfang gemacht. Er stand im Abseits, noch weiter draußen als Niklas, der wenigstens in den Pausen dazugehörte, der mit seinen schlechten Noten kein Klischee bediente wie der strebsame Fabian mit seinem guten Zeugnis.

Fabian unterbrach seine Arbeit in der Höhle. Er hatte inzwischen einige Steine geschichtet, was ihm einen Aufgang ermöglichen sollte. Doch die enger werdende Öffnung erschwerte die weitere Arbeit. Fabian hätte sich ohrfeigen können. Wann war ihm das letzte Mal so ein Fehler passiert? Er hasste Gedankenlosigkeiten! Kopflosigkeit zwang dazu, Verantwortung zu übernehmen, meist für Dinge, für die man in Verlegenheit geriet. Er griff nach dem Handbohrer, um sich erneut an die Arbeit zu machen. Doch schon nach kurzer Zeit legte er das Gerät wieder zur Seite. Was, wenn nicht seine Handlungen, sondern er selbst das Problem war? Er hatte nie dazugehört. Immer war er anders als die anderen. Plötzlich fielen ihm zig Beispiele ein. Situationen, in denen er außen vor stand.

Fabian begriff auf einmal, nur wer selbst fehlerhaft war, geriet in ständig neue Fallen. Deswegen war er auch jetzt in dieser Höhle verschüttet. Wieder schien sich das Eisenkorsett um Fabian zu legen. Es verweigerte ihm, tief genug Luft zu holen. Fabian griff sich an den Hals. In seinen Ohren klingelte es.

Das Telefon der Webers stand im Wohnungsflur.

»Weber«, meldete sich seine Mutter. Es war so gegen

zweiundzwanzig Uhr und Fabian lag nebenan im Bett. Der Fabian, ja, der sei daheim. Pause. Nein, vom Martin wisse sie nichts. Längere Pause. Ja, sie würde ihren Sohn gleich fragen. Fabians Herz begann zu hämmern. Bis jetzt hatte er sich in seinem Bett hin und her gewälzt, ohne schlafen zu können. Ob man das Chaos in der Scheune schon entdeckt hatte? Aber wer sollte schon wissen, dass er darin gespielt hatte? Martin war bestimmt abgehauen. Doch in Fabians Vorstellungen spukten andere Bilder. Warum hatte Martin nicht geantwortet, als er ihn gerufen hatte? Was, wenn Martin sich nicht hatte befreien können? Fabian war wie gelähmt. Er brachte es nicht über sich, von seinem Nachmittag zu erzählen. Inzwischen war ganz Schöntal auf den Beinen, um im Licht der Taschenlampen nach Martin zu suchen.

Irgendwann nach Mitternacht konnte man die Suche einstellen. Endlich hatte man Martin gefunden. Tot. Erstickt unter einem Stapel Strohballen. Keiner kam damals auf den Gedanken, Fabian könnte etwas damit zu tun haben. Fabian war in den Augen der Schöntaler freigesprochen, da unbeteiligt. Doch hatte ihn das Ereignis nie wirklich in Ruhe gelassen.

Wieder einmal fragte er sich, ob er den Tod seines Freundes damals hätte verhindern können. Er glaubte nicht an Gott und dennoch hatte er plötzlich das Gefühl, heute für etwas verantwortlich gemacht zu werden. Für was?

Er war immer bestrebt gewesen, nicht aus der Reihe zu tanzen. Er war ehrgeizig, erfolgreich, zuverlässig und ... er war ein Armleuchter! Das saß. Ja, er war ein jämmerlicher Armleuchter. Gleich wie perfekt er auch arbeiten würde, er käme nie aus seiner selbst heraus. Und das, so wusste er jetzt, war alles andere als perfekt. Er hatte keinen Fehler gemacht, er war ein Fehler! Vielleicht war es die logische Konsequenz seines Lebens, hier verschüttet zu sein. Jemand wie er hatte kein Recht zu leben. Leben durften nur die Mutigen. Ein einsamer Wolf hatte selten eine Chance. Fabian schaltete sein Handy aus. Er wollte nicht geortet werden können.

Nicht, dass ihn jemand so schnell vermissen würde. Seine Eltern waren im Urlaub, Freunde hatte er nur oberflächliche, seine Putzfrau war gestern da gewesen und kam erst in einer Woche wieder. Sie hatte ohnehin einen Schlüssel. Mails beantwortete sein Computer mit einer automatischen Floskel, die den Zeitraum bis zu seiner Rückkehr überbrücken sollte. In seinem Einmann-Unternehmen wartete niemand auf ihn.

Die Mühlen der Ämter mahlen langsam, und bis die Stadt Backnang merken würde, dass noch ein Gutachten ausstand, war er vielleicht längst mit sich im Reinen. Fabian hörte den nahen Maubach gurgeln. Er kauerte sich auf einen größeren Stein und schloss die Augen. Vögel zwitscherten. Dann fuhr weiter oben eine S-Bahn vorüber. Langsam fuhr Fabians Hand in die Innentasche seines Parkers. Das große Schweizer Messer lag schwer und kühl in seiner Hand. Er schaute auf seine Arbeit in der Höhle. Bis zur Hälfte hatte er sich befreien können. Die andere Hälfte war steinige Arbeit. Oder auch nicht! Fabian blickte auf das Taschenmesser in seiner Hand. Einmal wollte er etwas richtig machen. Fehler konnte man verbessern. Erschöpft sackte Fabian zusammen. Über seine Wangen rollten dicke Tränen.

Heidrun Szillus

Heidrun Szillus wurde 1963 in Stuttgart geboren und ist dort auch zur Schule gegangen.
Als Diplom-Übersetzerin arbeitete sie in Stuttgart, ein Jahr lang in Belgien und seit 1999 für eine Firma in Backnang.
Mit ihrem Mann lebt sie seit 2008 in Auenwald.
In ihrer Freizeit ist sie eine passionierte Tennis- und Klavierspielerin. Sie reist sehr gerne und interessiert sich für fremde Länder, Sprachen und Kulturen.

Mein 406. Geburtstag

Ich bewohnte schon seit einigen Jahrhunderten den Dachboden eines alten Hauses im kleinen schwäbischen Städtchen Backnang. Verglichen mit so manchem Dachboden auf einem Schloss oder Herrensitz war es bei mir natürlich vergleichsweise bescheiden, aber mein Domizil hatte dafür andere Vorteile. Zum einen natürlich die absolut zentrale Lage im ältesten Teil des Städtchens, zum anderen meine durchweg liebenswerten Hausgenossen.

Ich hatte in all den Jahrhunderten eigentlich immer Glück mit meinen menschlichen Mitbewohnern gehabt. Die meisten tolerierten problemlos, dass ich eben auch da war. Ich hielt mich in der Regel auf dem Dachboden des Hauses auf und ging meinen eigenen Unternehmungen nach. Verglichen mit manch anderen Gespenstern sah und hörte man von mir eigentlich wenig. Ich rasselte weder mit Eisenketten noch ließ ich irgendwelche Türen wie von Geisterhand zuschlagen, obwohl ich das natürlich könnte, wenn ich wollte. Nur manchmal kam ich in die unteren Räumlichkeiten des Hauses, sorgte dann schon mal für einen eisigen Luftzug, wenn ich – für das menschliche Auge unsichtbar – vorbeischwebte, oder für merkwürdige Geräusche, wenn meine alten Knochen klapperten.

Aber meine Hausmitbewohner haben das einfach akzeptiert, und es gab nie Probleme, sondern immer ein harmonisches Miteinander von verschiedenen Lebensformen. Ich wusste aber von anderen Gespenstern, dass diese Harmonie zwischen Mensch und Gespenst durchaus nicht selbstverständlich war. Wie gesagt, ich hatte eben Glück.

Im April 2015 stand mein 406. Geburtstag an. Es war kein runder Geburtstag, aber ich wollte ihn trotzdem in einer netten kleinen Runde feiern. Zu meinen langjährigen und besten Freunden gehörte der Knielose Konrad, der auf Schloss Ebersberg im benachbarten Auenwald lebte, Guntram der Weinselige von der Burg Schaubeck in Kleinbottwar sowie der Baron Bartholomäus vom Berge, der seit vielen Jahrzehnten im vornehmen Ludwigsburger Schloss residierte. Adel verpflichtete eben.

Alle drei hatten ihr Kommen zugesagt. Ich hatte selten Gäste und freute mich deshalb auf den Abend. Als aufmerksamer und umsichtiger Gastgeber wollte ich es meinen Gästen natürlich an nichts fehlen lassen. Bei einem nächtlichen Besuch in Backnangs ältestem und bestsortiertem Weinhaus, stellte ich deshalb eine kleine Auswahl an edlen Weinen zusammen, ergänzte diese durch leckeres Käsegebäck und rundete das Ganze mit verschiedenen Torten- und Kuchenstücken aus meinem Lieblingscafé ab. Ich war mit meinen Besorgungen zutiefst zufrieden – der kulinarische Teil des Abends war aus meiner Sicht perfekt.

Meine Hausmitbewohner, mit denen ich die Räumlichkeiten in Backnang seit fast dreißig Jahren teilte, waren besonders reizende Menschen. Sie hatten im Laufe der Jahre mitbekommen, dass der 9. April ein besonderer Tag für mich war, und hatten es sich deshalb zur Angewohnheit gemacht, an diesem Tag auszugehen, sodass meine Gäste und ich das Haus für uns hatten. Ich fand das außerordentlich rücksichtsvoll und revanchierte mich damit, dass ich auch bei ihren Festlichkeiten unsichtbar blieb und nicht störte. Na ja, sagen wir mal – fast nicht störte. Ich fand es ehrlich gesagt auch nach all diesen Jahrhunderten immer noch herrlich, wenn jemand aufquietschte, wenn ich ihm ganz sanft über die Haare oder die Glatze strich. Ich bevorzugte übrigens seidiges, glattes Haar zum Darüberstreichen, was im Zeitalter von Haarlack und Gel immer seltener zu finden war.

Aber ich schweife ab. Der 9. April kam und mit ihm meine Gäste. Als Erster schwebte Guntram der Weinselige von der

Burg Schaubeck heran. Das hätte ich mir denken können. Er war erklärter Weinliebhaber und fieberte sicher schon einem Gläschen Rotwein entgegen.

»Alles Gute für die nächsten Jahrhunderte, lieber Ewald«, begrüßte er mich ohne Umschweife und überreicht mir einen Blumenstrauß. Sicher hatte er ihn aus dem Garten der Burg Schaubeck stibitzt. »Du siehst immer noch großartig aus.«

Hm, dieses Kompliment konnte ich jetzt nicht wirklich zurückgeben. *Was war denn mit Guntram los?* Seine langen, grauschwarzen Locken hingen ihm ungepflegt und strähnig auf die Schultern, er hatte für ein Gespenst unnatürlich rote Backen, wirkte aufgedunsen und hatte ganz glasige Augen. *Ob er heute wohl schon ein gutes Fläschchen aus dem Weinvorrat der Burg Schaubeck genossen hatte? Oder vielleicht sogar schon mehrere?* Wie auch immer, Guntram wirkte heute für seine schlappen 621 Jahre ziemlich verlebt.

Der Baron Bartholomäus kam wie immer durch den Kamin. Ausgerechnet er. Er war von uns allen der Rundlichste, aber er musste sich einfach immer durch den Kamin pressen. Ich hörte schon, wie es oben im Kamin rumpelte und rappelte. Dann war Stille. Vom Baron keine Spur. Plötzlich vernahm man ein wütendes Schnaufen und Schnauben, dann tauchten zwei zappelnde, spindeldürre Beinchen im offenen Kamin auf.

»Ewald, ich stecke hier fest – zieh mich gefälligst runter«, vernahm ich eine dumpfe Stimme.

Im Stillen dachte ich mir: *Geschieht ihm ganz recht, dem alten Angeber. Wenn er es schon in all den Jahren nicht gelernt hat, einfach durch Wände zu gehen, wie es sich für ein ordentliches Gespenst gehörte, warum kommt er dann nicht einfach durch die Tür?*

»Keine Panik, Bartholomäus, ich komme schon!«, rief ich hingegen laut.

Ich zog an den dünnen Beinchen, zog stärker und noch

stärker und auf einmal plumpste ein kugelrundes, kleines Männlein mit Nickelbrille und weißen Kringellöckchen auf den Boden – der Herr Baron vom Berge, direkt aus Schloss Ludwigsburg. Er klopfte sich den Ruß von den Kleidern und rückte seine getupfte Fliege zurecht.

»Danke, Ewald. Und herzlichen Glückwunsch zum 406. Geburtstag. Ist eigentlich der Kamin enger geworden oder habe ich zugenommen?« Ohne eine Antwort abzuwarten, fuhr er fort. »Dumme Frage, es sieht ja ein Blinder, dass ich aufgegangen bin wie eine Dampfnudel. Aber es ist ja auch kein Wunder, dass ich so viel esse – ich bin mit den Nerven total am Ende. Jeden Tag ist bei mir im Schloss die Hölle los. Ihr macht euch kein Bild. Schlosskonzerte rund um die Uhr, Lichterfeste, Kinderfeste, Schlossführungen, Feuerwerke, Kürbisfeste; tagsaus, tagein. Es ist zum Wahnsinnigwerden!« Die Stimme des Barons wurde immer höher und erregter. »Stellt euch vor, Kürbisse in allen Formen und Farben, Tausende von Kürbissen!«

Guntram der Weinselige und ich sahen uns betreten an. Eine Kürbisphobie im fortgeschrittenen Stadium war eine seltene Krankheit, aber der Baron hatte sie.

In diesem Moment erschien als letzter Gast der Knielose Konrad. Er hatte zwar von Schloss Ebersberg in Auenwald die kürzeste Anreise, aber er schwebte einfach nicht so locker wie wir anderen. Seine langen, knielosen Beine wirkten so wackelig, dass man fast Zweifel bekam, dass sie den schmächtigen Körper zu tragen vermochten. Seine wenigen grauen Haare standen wirr von seinem hageren Kopf ab. Ehrlich gesagt, ein Bild des Jammers.

»Glückwünsche, lieber Ewald, du siehst ja immer jünger aus«, begrüßte er mich mit zittriger Stimme. »Die Stadtluft und die Abgase wirken ja Wunder für deinen blassen Teint. Du wirkst sensationell ätherisch.«

Das war natürlich Balsam für meine Seele. Auf meinen bleichen, nahezu durchsichtigen Teint war ich in der Tat stolz. Aber ich erschrak bei Konrads Anblick. Er war von uns vieren schon immer der Schlankste gewesen, aber heute fiel mir noch stärker auf, wie abgemagert und ausgezehrt er wirkte.

»Knieloser Konrad, verrate mir doch das Geheimnis deiner fabelhaften Figur. Du machst mich ja richtig neidisch«, rief der Baron Bartholomäus, bevor ich mich äußern konnte.

Der Knielose Konrad seufzte abgrundtief. »Es gibt kein Geheimnis, es gibt auch keine fabelhafte Figur und noch weniger gibt es einen Grund, neidisch zu sein. Mir ist ganz einfach der Appetit vergangen. Ich bin ja so unendlich einsam auf Schloss Ebersberg.«

Er blickte uns melancholisch an, und schon rollte eine Träne aus seinen großen, kummervollen Augen. Ein weinendes Gespenst. Das hatte mir gerade noch gefehlt. Der Abend verlief völlig anders als geplant. Zur Beruhigung der Gemüter holte ich die Platte mit den gebackenen Köstlichkeiten aus dem Café Weller. Das war ganz falsch. Dem Knielosen Konrad kullerten beim Anblick der liebevoll dekorierten Torten erneut dicke Tränen über die Wangen. Guntram der Weinselige hingegen warf mir einen zutiefst vorwurfsvollen Blick zu.

Ach so, ja richtig – ich könnte meinen Gästen ja auch etwas Hochprozentigeres als Kuchen anbieten. *Wo hatte ich diesen Wein denn nur hingestellt?* Ich hatte nicht die geringste Ahnung. Bevor ich dieser Tatsache eine tiefere Bedeutung zumessen konnte, kreischte der Baron beim Anblick von Nugattorte und Sahnewindbeutel.

»Kuchen! Ich passe eh schon nicht mehr durch deinen Kamin, und du bietest mir Kuchen an!«

Ich tupfte mir irritiert den Schweiß von der Stirn. Was für ein Geburtstag! Einer meiner Gäste weinte, der andere verweigerte den herrlichen Kuchen, der dritte war beleidigt, weil ich noch keinen Rotwein ausgeschenkt hatte, und zu allem Überfluss wusste ich selbst überhaupt nicht mehr, wo ich diesen verflixten Rotwein hingestellt hatte. *Ob ich eventuell erste Anzeichen von Demenz zeigte?*

Ich wurde nahezu neidisch auf meine menschlichen Hausmitbewohner und ihre harmonischen und fröhlichen Partys. Da weinte niemand, alle aßen brav ihren Kuchen und warteten artig, bis ihnen Wein angeboten wurde, den sie dann in kleinen Mengen tranken. Dement war auch niemand. *Was war denn nur mit uns Gespenstern los?*

Ich tupfte mir erneut die Perlen von der Stirn, als mir plötzlich eine Idee durch den Kopf huschte. Nach ein paar Sekunden des vorsichtigen Abwägens wagte ich es, die Idee in Worte zu fassen.

»Hört mal zu, ihr Lieben. Könnte es sein, dass wir uns in letzter Zeit irgendwie verändert haben?« Ohne eine Antwort abzuwarten, fuhr ich fort. »Ich denke schon, und ich würde euch deshalb gerne einen Vorschlag machen. Ein paar Hundert Meter von hier, direkt am Fluss, steht eine seit vielen Jahren unbewohnte alte Mühle. Wie wäre es denn, wenn wir dort gemeinsam einziehen würden? Konrad wäre dann nicht mehr einsam, wir könnten gemeinsam Guntrams Weinseligkeit ein bisschen kontrollieren und Bartholomäus bliebe von jeglichen Kürbissen sowie den dazugehörigen Festen verschont. Na ja, und ich selbst bin vielleicht auch ganz froh, wenn jemand im Haus ist, falls ich mal wieder vergesse, wo ich den Wein hingestellt habe. Was meint ihr dazu? Die Menschen nennen so etwas übrigens WG«, fügte ich hinzu.

Meinen drei Gespensterfreunden verschlug es erst einmal die Sprache. Sie sahen sich in einer Mischung aus Verblüffung, Entsetzen und Erleichterung an.

Der Knielose Konrad war der Erste, der sich mit seiner zittrigen Stimme wieder zu Wort meldete.

»Ewald, das ist die verrückteste und zugleich wunderbarste Idee, die du seit mindestens hundert Jahren hattest. Eine Gespenster-WG! Genial!«

Guntram der Weinselige wurde vor Lachen dunkelrot im Gesicht.

»Eine Gespenster-WG«, kicherte er. »Und was kommt als Nächstes? Betreutes Wohnen für Gespenster mit Menüwahl beim Mittagessen? Oder vielleicht ein Rollator für den Knielosen Konrad?« Er kicherte und gluckste vergnügt. »Ich hoffe doch sehr, dass diese Mühle mit barrierefreien Duschen sowie Blutdruckmessgeräten ausgestattet ist.« Nachdem er sich aber von seinem Lachanfall erholt hatte und die tief dunkelrote Farbe seiner Backen dem üblichen Mittelrot gewichen war, zeigte auch er sich von meinem Vorschlag sichtlich angetan.

»Soso, ihr wollt also meine Weinseligkeit kontrollieren. Also gut, das ist vielleicht kein Fehler, aber ab und an muss ein Schlückchen Rotwein sein. Guntram der Weinenthaltsame möchte ich ganz sicher nicht heißen.«

Der kleine Baron Bartholomäus saß auf meinem besten Stuhl und baumelte mit seinen dünnen Beinchen.

»Na meinetwegen, wenn's denn sein muss – ich bin auch dabei«, krähte er. »Aber nur unter einer Bedingung: Ich bekomme das größte und schönste Zimmer in der Mühle. Ich komme ja schließlich von Schloss Ludwigsburg.«

Und mit diesen Worten war unsere vierköpfige Gespenster-WG gegründet.

Peter Thanheiser

Peter Thanheiser wurde 1962 in Backnang geboren und hat die hiesigen Schulen besucht. 1998 ließ er sich nach verschiedenen Umzügen innerhalb der Stadt in Waldrems nieder. Er ist verheiratet und hat zwei Kinder. Seit 2008 widmet er sich seinem Hobby: Schriftstellerei im Genre Fantasy/SF/Horror.

Der Gegenkandidat

An den Gestaden jenes Flusses, der sich einer Riesenschlange gleich durch die Sumpfauen des Schwäbischen Waldes windet und dem die Kelten den Namen „Trübes Wasser", also „Murr" verliehen hatten, lebten seit Anbeginn der Zeit zwei sich stetig befehdende, nichtmenschliche Kreaturen.

Sie waren, wie die Pole eines Magneten, von gegensätzlicher Natur, der Positive stand für das Gute, die Liebe, Nachsicht, Mut, Vergebung, Toleranz – während der Negative das Böse, den Hass, die Rücksichtslosigkeit, Habgier, Feigheit und Rachsucht repräsentierte. Und diese konträren Charaktereigenschaften spiegelten sich auch in ihrem Erscheinungsbild wider.

Auf der Seite des Guten stand eine Fee, deren ebenmäßiges, makelloses Antlitz von einem Paar saphirblauer Augen dominiert und von einem Vlies aus langen, blonden Haaren umrahmt wurde. Stets waren ihre vollen, kirschroten Lippen von einem sanften Lächeln gekräuselt und ein weißes Gewand schmiegte sich um ihren hochgewachsenen, schlanken Körper.

Als ihr bösartiger Widersacher fungierte ein grünhäutiger Kobold von zwergenhafter Statur mit abstehenden Ohren, bernsteinfarbenen Spaltpupillen, einem Raubtiergebiss und spitzen Fingernägeln, dessen Optik eine überdimensionale Adlernase beherrschte. Dieser war mit einem Waffenrock aus braunem Echsenleder bekleidet, dessen Kragen im struppigen Fell auslief und zeitweise das spitze Kinn der dämonischen Kreatur verbarg.

Der eine wusste um die Existenz des anderen und beide versuchten, ihren Machtbereich zuungunsten des vermeintlichen Feindes auszudehnen. Dieser Umstand gipfelte in zahllosen Scharmützeln, die weder die Fee noch der Kobold für sich entscheiden konnten.

An einem denkwürdigen Tag jedoch wurde die Pattsituation aufgelöst und der seit Äonen währende Kampf zwischen Gut und Böse erfuhr eine entscheidende Wende, als sich die Waage des Schicksals unwiderruflich für eine lange Zeitspanne auf die Seite eines der Wesen neigte.

Der entscheidende Auslöser war ein Ereignis, welches im Monat Juli, 222 nach Christi Geburt stattfand. Es war ein heißer Sommertag, Schwärme von Stechmücken und rubinroten Schmetterlingen kreiselten über den trägen Fluten der Murr, während die efeuumrankten Ahornwälder zu beiden Seiten des Ufers einer Phalanx erstarrter Riesen glichen. Die Luft flimmerte über dem stahlblauen, wolkenlosen Himmel. Die Sonne stand im Zenit, als sich eine Zenturie römischer Hilfstruppen der Furt über den Fluss näherte.

Ihre Aufgabe bestand darin, eine Seherin persischer Abstammung zum Kastell Mainhardt an den Limes zu eskortieren, die den dortigen Militärtribun bei strategischen Planungen im Kampf gegen die Barbaren beraten sollte. Die Seherin hatte bereits das achtzigste Lebensjahr vollendet und war aufgrund der altersbedingten Gebrechlichkeit nicht mehr in der Lage, sich fortzubewegen und daher auf eine Sänfte angewiesen.

Der einheimische Führer der Römer kannte die Lage der Furt und dirigierte die Kolonne gepanzerte Leiber in die Fluten der Murr, in welchen sie bis auf Hüfthöhe versanken. Die Träger führten die Sänfte der Seherin unmittelbar über der Wasserlinie. Sie hatten das nördliche Flussufer beinahe erreicht, als die frenetischen Kriegsrufe germanischer Krieger über das Gewässer brandeten.

Der Zenturio, ein hünenhafter Nubier, zog sein Kurzschwert. Er richtete die Klinge in Richtung des Südufers, an welchem das Jadegrün der Uferwälder nunmehr die Leiber der mit Streitäxten bewehrten Germanen auszuspeien schien.

»Bildet die Schildkröte!«

Die Römer nahmen die befohlene Gefechtsformation ein und änderten ihre Marschrichtung, um sich dem soeben erschienen Feind zu stellen. Dabei legten sie die Sänfte der Seherin in Ufernähe auf vermeintlich stabilem Terrain ab.

Allerdings hatte der Kobold, welcher im Schatten eines Haselnussstrauches am Ufer das Geschehen beobachtete, aus Boshaftigkeit einige Minuten zuvor mehrere Steine gelockert. Nun sank die Sänfte auf der linken Seite stetig ins Wasser.

Im Kampfgetümmel bemerkte keiner der Beteiligten die prekäre Situation der Seherin. Ihr Kopf befand sich bereits unter Wasser und sie war unfähig, sich selbst aus der Lage zu befreien. Beinahe wäre sie einem schrecklichen Ertrinkungstod zum Opfer gefallen, als in letzter Sekunde die Sänfte an der betreffenden Stelle wieder stabilisiert wurde. Das Wasser floss zurück, das Tuch am Einstieg wurde beiseite geschlagen und die Seherin blinzelte, im Versuch, ihren Retter zu erkennen, in die Mittagssonne.

Sie hatte erwartet, den Zenturio oder einen der Legionäre vor sich zu sehen, stattdessen blickte sie in das makellose Antlitz der Fee.

»Du bist nicht von dieser Welt, nicht wahr?«

Die Angesprochene antwortete nicht.

»Du hast mich gerettet!«

Die Fee schlug die Augen nieder.

»Demut ist eine schätzenswerte Eigenschaft, derer sich nur sehr wenige Lebewesen bedienen und in deinem Fall unangebracht.« Die Seherin spreizte die Finger ihrer rechten Hand. »Siehst du diesen Ring?«

Die Blicke der Fee hefteten sich auf das unscheinbar wirkende, schartige Kleinod am Ringfinger der Seherin. Es schien sich nicht um ein Edelmetall zu handeln und es war auch kein Stein eingefasst.

»Dies ist der Ring der Inanna – einer Göttin des längst

vergessenen Volkes der Sumerer. Ich schenke ihn dir zum Dank für meine Rettung. Für Sterbliche ist er nur Zierrat – doch für Wesen wie dich von ungeheurer Bedeutung. Du kannst damit jede Gestalt annehmen, die dir beliebt – Mensch, Tier oder Fabelwesen! Doch hüte dich, denn du musst den Ring stets bei dir behalten! Wenn dir ein finsteres Gemüt innewohnt, verwandelst du dich bei seinem Verlust unverzüglich in deine ursprüngliche Gestalt zurück, doch bist du reinen Herzens, bleibst du für alle Zeiten in dem soeben gewählten Körper gefangen!« Sie löste den Ring von ihrem Finger, um ihn der Fee zu reichen.

Die Fee umfasste den Ring und wünschte sich, ein großer Karpfen zu werden. Tatsächlich nahm sie die Gestalt des Fisches an und verschwand mit dem Ring im Maul im Wasser des Flusses. Die ganze Nacht verwandelte sie sich in die unterschiedlichsten Tiere, flog als Adler und Fledermaus über das Firmament und wand sich als Wurm durch die Erde, bis sie zu begreifen begann, welche Waffe sie gegen den Kobold in den Händen hielt.

Tatsächlich suchte sie am nächsten Morgen ihren Widersacher auf, der an der Uferböschung die Leichen der Germanen und Legionäre ausfledderte. Offensichtlich hatten Letztere erst kürzlich ihren Sold erhalten, denn er befand sich bereits im Besitz eines mit Goldmünzen gefüllten, strumpfgroßen Säckchens.

Als er seine Feindin erkannte, löste sich ein hasserfülltes Zischen von den schartigen Lippen. Er entblößte die spitzen Zahnreihen und zog seinen Dolch, um die Klingenspitze drohend auf die Fee zu richten.

»Verruchte! Du wagst es, mich zu stören?«

Anstatt einer Antwort nahm die Fee den Ring zwischen Zeige- und Mittelfinger. Ihre Konturen zerflossen und urplötzlich stand ein gigantischer Grizzlybär vor dem entsetzten Kobold, der kreischend zurückwich.

»Wie hast du das gemacht?«

»Das ist noch nicht alles! Sieh auf den Ring in meiner rechten Pranke. Ich kann jede Gestalt annehmen, die ich möchte. Zum Beispiel, die einer riesigen Tarantel!«

Der Kobold griff an seine Kehle.

Die Fee wusste um die Spinnenphobie ihres Kontrahenten. Schon oft hatte sie ihn dabei beobachtet, wie er sein Nachtlager nach den achtbeinigen Bettgenossen abgesucht hatte.

»Bitte nicht! Ich tue alles, was du willst!«

»Gut, dann lasse uns einen Vertrag schließen, der für alle Zeiten gilt! Das Land nördlich des Flusses für dich, das südliche für mich. Niemand soll die Barriere je überqueren!«

Der Kobold nickte. »Ich schwöre es!«

Und so wurde der Pakt besiegelt. Jahre gingen in das Land, dehnten sich zu Jahrzehnten und Jahrhunderten. Die Römer verschwanden für immer und statt ihrer Kohorten zogen nunmehr Kaufleute über die Furt, um das weiße Gold, das Salz, von den Siedern in Schwäbisch Hall in alle Landesgebiete zu verbringen. Der Ölberg wurde gerodet und der Stift entstand, die Keimzelle der Stadt Backnang, über der zuerst das Wappen Badens und schließlich die Hirschstangen Württembergs wehten. Der Unmut über die Nähe der Menschen brachte den Kobold dazu, dass er 1626 mit dem Pestfloh befallene Ratten in der Stadt aussetzte, um eine Epidemie auszulösen. Doch diese Aktion konnte die Expansion der Murrmetropole ebenso wenig stoppen wie der Stadtbrand anno 1693.

Die Fee hingegen brachte sich ihrem Naturell entsprechend in verschiedenen Gestalten positiv in die Entwicklung Backnangs ein, so spielte sie eine entscheidende Rolle im Gänsekrieg, indem sie als Bürgerin eine Bittschrift an den württembergischen Herzog mitverfasste.

Der Kobold trieb indessen Schabernack, stahl die auf der Bleichwiese zum Trocknen ausgelegte Wäsche und warf diese in die Murr zurück. Das Gerberviertel entstand und staunend beobachteten die Unsterblichen den sich stetig intensivierenden technischen und gesellschaftlichen Fortschritt. Die Pferdegespanne wurden durch Autos ersetzt und Flugzeuge erschienen am Firmament. Mit dem Bau der neuen Sulzbacher Brücke 1978 allerdings brachen für den Kobold schwere Zeiten an, denn das Flussufer wurde zu beiden Seiten saniert und sein Lebensraum schwand. Mit der Renovierung des Schweizerbaus 2011 und dem damit verbundenen Ausbau der Bleichwiese verlor er schließlich sein letztes Refugium. Seither führte er das Leben eines Verbannten, ständig darauf bedacht, sich den Blicken der Menschen zu entziehen.

Eines Abends – er hatte vergessen, die Jahre zu zählen, welche nach dem Beginn des neuen Jahrtausends, welches so spektakulär durch das Feuerwerk an der Bahnhofsbrücke begonnen hatte, vergangen waren – begab er sich wie immer in sein Versteck unterhalb des Fußgängerstegs zur Nachtruhe. Es war eine laue Sommernacht und somit genügte eine Zeitung als Decke, die er vor einigen Minuten aus einem Abfallkorb bei der Bushaltestelle gezogen hatte. Für einen kurzen Moment fiel sein Blick auf die Schlagzeile: „Bürgermeisterwahl in Backnang – Amtsinhaber noch immer ohne Herausforderer."

Im Gedenken an längst vergangene, bessere Zeiten dämmerte er dem Schlaf entgegen, als ein Kreischen an seine Ohren drang. Schlagartig erwacht, erkannte er die Stimme – es war die Fee. Tatsächlich war sie in der Gestalt eines Schwanes zu tief in die Nähe des Wehrs geflogen und hatte sich nun in einem Spanngurt verwickelt, der von einem Müllsünder in den Fluss geworfen worden war. Die Strömung hatte den Gurt an der Gegenseite um die Stahlstrebe des Wehrs gewunden und der Fee drohte nunmehr der Ertrinkungstod.

Der Kobold näherte sich kreischend und vor Freude hüpfend der Unglücksstelle. Beide Kreaturen schienen allein im Universum, denn es zeigte sich keine Menschenseele auf der Bleichwiese oder Sulzbacher Straße.

»Hilf mir!«

Der Kobold schüttelte den Kopf. »Ich werde dir mit Vergnügen beim Ertrinken zusehen, es sei denn ... du gibst mir den Ring!«

Die Fee hatte keine Wahl, denn das Wasser stand bereits bis zu ihrem Schnabel, aus welchem sie das Kleinod in die Klauen des Kobolds gleiten ließ. Dieser hielt seinen Teil der Vereinbarung ein und zog den Dolch, um den Gurt zu durchtrennen, bevor er sich spöttisch vor seiner Kontrahentin verneigte.

»Danke! Und der Vertrag ist hiermit gekündigt!«

Und während die im Körper des Schwanes gefangene Fee schnatternd davonflog, brach der Kobold in wildes Triumphgeheul aus und tanzte mehrere Stunden ausgelassen auf der Stelle. Erst, als die Morgensonne durch das sanfte Nebelgespinst über dem Fluss drang, hielt er, sich der gesamten Tragweite der Geschehnisse bewusst werdend, inne.

Erstmals war er durch den Besitz des Ringes in der Lage, die Gesetze und Regeln des verhassten Menschenvolkes für seine Zwecke auszunutzen. Er strich sich den Ring über den Finger und wünschte sich, ein Angehöriger der Spezies Homo sapiens zu werden. Kaum hatte er den Gedankengang beendet, begann das Kleinod zu glühen und ein seltsames Brennen fuhr durch seinen Körper. Seine Gestalt straffte sich und wuchs um einen halben Meter, während die Klauen zurücktraten und die grünen Echsenschuppen der Haut eines Menschen wichen. Die Adlernase schrumpfte ebenso wie die überdimensionalen Ohren und die Färbung des Kopfhaares wandelte sich von Purpur in ein unauffälliges Dunkelblond. Schließlich hatte sich der Kobold in einen unauffälligen, etwa fünfzig Jahre alten Mann von noch immer unterdurchschnittlicher Körpergröße und hagerer

Statur verwandelt. Einzig die Spaltpupillen seiner nunmehr braunen Augen hatten der Transformation widerstanden und zeugten von seiner wahren Existenz. Der Kobold begab sich noch in der Morgendämmerung zu jener Stelle, an der er einst das Säckchen mit dem Gold vergraben hatte. Lange Zeit war es für ihn unerreichbar gewesen, doch nun, da das alte Hallenbad der Abrissbirne zum Opfer gefallen war, gelang es ihm, ohne Mühe dem Erdreich den uralten Schatz zu entreißen.

Er begab sich zu einem Fotoladen in der Innenstadt, dessen Ladentür für den Ankauf von Altgold warb. Von dem Erlös kleidete er sich bei einem Designergeschäft in der Grabenstraße ein, kaschierte anschließend seine optische Achillesferse mit einer Spiegelbrille und begab sich in die Geschäftsstelle des neuen Rathauses im Biegel, welches für die Abwicklung der Formalitäten der ausstehenden Bürgermeisterwahl zuständig war. Mit geschwollener Brust klopfte er an die Tür und, ohne eine Antwort des zuständigen Sachbearbeiters abzuwarten, trat er in das Innere.

»Ich bin es!«

Der ältere, füllige Stadtbeamte ließ Zeitung und Kaffeetasse sinken und fixierte aus ungnädigen Augen den Neuankömmling.

»Sie sind was?«

Der Kobold grinste. »Der Gegenkandidat! Ich trete bei der bevorstehenden Bürgermeisterwahl gegen Herrn Nopper an.«

Der Beamte hüstelte. »Wie ist ihr Name?«

»Kobold!«

»Wie bitte?«

»Ich meine natürlich K. O. Bold.«

Der Beamte verengte die Augen zu schmalen Schlitzen.

»Nein, verzeihen sie ... Karl Otto Bold!«

»Ach so!« Der Beamte ergriff ein Formular, um die

Personalien des Gegenkandidaten aufzunehmen. »Wie ist ihr Status?«

»Alteingesessener Backnanger!«

»Oha! Das ist gut, sehr gut. Vielleicht könnte es im Wahlkampf ja mal spannend werden! Können sie sich legitimieren?«

»Selbstverständlich!« Der Kobold legte einen längst abgelaufenen Gutschein einer gängigen Burgerkette auf den Schreibtisch, den er erst am Morgen aus einem der städtischen Mülleimer entnommen hatte und der weder in Aussehen noch Format einem gängigen Ausweisdokument entsprach. Doch aufgrund der hypnotischen Fähigkeiten der bösartigen Kreatur schrieb der Beamte die fiktiven Daten in das Protokoll.

Zwei Wochen später stand Wahlleiter Müller frustriert vor dem Fenster seines Büros und starrte hinaus. Kaskaden des Starkregens brachen sich auf dem Asphalt vor dem Biegel und die Welt schien einer zweiten Sintflut geweiht.

»Kommen sie rein, Herr Meier!«

Der Neuankömmling trat vorsichtig in die Amtsstube.

»Wir haben alle Wahlzettel geprüft und durchgerechnet. Es ist unglaublich – Gleichstand zwischen Amtsinhaber Doktor Frank Nopper und dem Herausforderer Karl Otto Bold! Ein zweiter Wahlgang wird unumgänglich!«

»Das darf doch nicht wahr sein ...«

»Wieso? Denken sie doch an die Chancen!«

»Was meinen sie, Herr Meier?«

Der Angesprochene deutete auf das Fenster. »Dieses miese Wetter verabschiedet sich laut den Prognosen schon morgen. Am Wochenende erwarten uns schönster Sonnenschein und Temperaturen von annähernd 25 Grad in der Innenstadt.«

»Was hat das mit der Wahl zu tun?«

»Ganz einfach: Wir veranstalten ein Rededuell zwischen den Gegnern! Wir bauen die Tribüne vom Straßenfest am

Marktplatz auf, sperren vorübergehend die Marktstraße und sorgen für Bewirtung und musikalische Umrahmung.«

»Mensch, Herr Meier, die Idee könnte von mir sein!«

Und so geschah es. Die Sonne lachte über Backnang, als sich am kommenden Sonntag das historische Stadtzentrum füllte. Brathühner drehten sich über dem Spieß, Bierfässer wurden angezapft und der Musikzug des TSG Backnang zog durch die engen Gassen der historischen Altstadt, bevor just zum 14. Schlag der Turmuhr des Michaelsturms Wahlleiter Müller auf dem Podest erschien.

»Bürgernähe und Transparenz haben seit jeher unsere Politik geprägt! Und daher haben wir vor dem entscheidenden Wahlgang eine Diskussionsrunde zwischen Karl Otto Bold und Doktor Frank Nopper anberaumt!«

Vom Beifall der Massen begleitet, betraten beide die Tribüne, um sich für einen kurzen Augenblick zu mustern, bevor der Wahlleiter das Mikrofon dem Herausforderer reichte. Der Kobold ergriff das Wort.

»Nun, Dr. Nopper, es scheint, dass sie an einer gewissen Amtsmüdigkeit laborieren.«

Der Angesprochene runzelte die Stirn. »Woran machen sie das fest?«

»Nun, an verschiedenen Indikatoren, als da wären ...« Der Kobold unterbrach seine Rede aufgrund eines Pfeifgeräusches. Er drehte am Mikrofon, um den Rückkopplungseffekt zu unterbinden, als der Ring von seinem Finger rutschte. Auf diesen Moment hatte der auf dem Giebel des alten Rathauses sitzende Schwan nur gewartet. Die Fee glitt im Sturzflug auf die Holzbohlen des Podestes, griff den Ring mit dem Schnabel, spreizte die Flügel und flatterte in den azurblauen Himmel empor.

»Nein!«, brüllte der Kobold.

Alle Augen richteten sich auf ihn, der binnen weniger Sekunden sein menschliches Erscheinungsbild einbüßte und zu seiner ursprünglichen Gestalt schrumpfte. Der zu weit gewordene Maßanzug glitt von seiner hageren Gestalt und für einige Augenblicke stand er nackt auf dem Podest, bevor er kreischend in den Marktbrunnen sprang.

»Ist das hier die versteckte Kamera?«, fragte der Bürgermeister inmitten des allgemeinen Tumultes. »Bin ich bei ‚Verstehen sie Spaß?'«

Müller schüttelte den Kopf. »Ich wollte, es wäre so!«

Im allgemeinen Chaos aber war der Kobold rasch verschwunden. Auch die Fee wurde nie wieder in Backnang gesehen. Vielleicht hat sie sich aus der Gegend fortbegeben und endgültig zu ihresgleichen in einer anderen Welt gesellt. Or sie lebt noch immer dank des wiedererlangten Zauberrings unerkannt unter uns. Vielleicht hat sie die Gestalt des Baumes in Deinem Garten angenommen. Oder sieht Dir in Gestalt der Amsel auf dem Ginsterbusch zu, genau jetzt, in diesem Augenblick, in dem Du dieses Buch der »Backnang Stories« an der Bushaltestelle liest.

Annika Vetter

Annika Vetter ist 11 Jahre alt und wohnt in Aspach. Sie geht in die 6. Klasse des Taus-Gymnasiums Backnang.
Neben dem Schreiben von Geschichten liest sie außerdem sehr gerne, malt, spielt Flöte und hört gerne CDs.

Ein anderer Sommer

Nur um es auch für euch von Anfang an klarzustellen: Es war nicht meine Idee!

Nein, ich wäre niemals auf so eine Blödsinnsidee gekommen. Es war nicht meine Idee, in den diesjährigen Sommerferien alles durcheinanderzubringen. Ich wäre gerne noch mal nach Frankreich ans Mittelmeer gefahren, oder nach Mallorca, von mir aus auch an die Ostsee. Aber doch nicht in einen derart kleinen Ort am anderen Ende Deutschlands! Ich glaube, der hieß Backdorf oder so ähnlich. Und natürlich hatte dieser Ort auch keinen Strand zu bieten. Schöner Mist!

Ach, ich glaube, bevor ich mich hier so verzettele, stelle ich mich erst mal vor. Ich heiße Lina, bin vor sechs Tagen elf Jahre alt geworden und wohne in Berlin in einem Reihenhaus.

Der Ort, in den meine Eltern im Sommer fahren wollten, hieß übrigens Backnang und nicht Backdorf. Aber das war auch nicht viel besser. Es war das erste Mal, dass ich es genoss, wie sich die letzten Schultage vor den Ferien ewig in die Länge zogen. Während meine Mitschüler die Nachmittage im Freibad verbrachten oder in der Eisdiele, saß ich gelangweilt in meinem Zimmer und starrte Löcher in die Luft.

»Wieso müssen wir denn ausgerechnet dahin fahren?«, fragte ich meine Eltern am Samstag beim Abendessen.

»Weil wir Kerstin und Jonas besuchen möchten«, erklärte Papa.

»Ich war mit Kerstin zusammen in der Grundschule«, fuhr Mama fort. »Und sie haben wohl Zwillinge in deinem Alter.«

»Mädchen oder Jungen?«, fragte ich neugierig. Das wussten meine Eltern aber nicht.

Am Freitag der ersten Ferienwoche sagte meine Mama, dass ich jetzt packen solle, da wir, wenn alles klappe wie geplant, morgen fahren würden. Ich fing an, Verschiedenes auf mein Bett zu legen: eine lange Jeans, fünfzehn kurze T-Shirts, meine Sommerjacke und den silbernen Glitzergürtel. Als ich alles hatte, was ich brauchte, holte ich meinen türkisen Rollkoffer aus dem Keller. Es war ganz schön schwer, das Ding die Treppe hochzuschleppen. Dahinein legte ich alle Klamotten, obendrauf noch ein Buch, ein Mäppchen mit Stiften und mein Tagebuch. In einen Rucksack packte ich noch eine Taschenlampe, Stricksachen (die hatte ich zu meinem Geburtstag bekommen), ein Springseil und mein kleines orangefarbenes Notizbuch.

»Fertig«, schrie ich durchs ganze Haus. Papa kam und trug den Koffer nach unten. Ich nahm den Rucksack und lief ihm hinterher. Im Wohnzimmer hatte sich schon ein Gepäckhaufen angesammelt. Am Abend ärgerte ich mich, dass ich mein Tagebuch schon eingepackt hatte. Jetzt schwirrte mir nämlich jede Menge durch den Kopf, was ich hätte aufschreiben können. Irgendwann schlief ich ein.

Am nächsten Morgen weckte mich Mama ziemlich früh.

»Aufstehen, wir wollen doch schon um sieben Uhr losfahren.«

Also schüttelte ich die Decke ab und zog mich an. Dann frühstückte ich. Die Zähne musste ich auch noch putzen. Zwanzig Minuten später waren alle Koffer und Taschen im Kofferraum verstaut und meine Familie saß vollständig im Auto. Dann fuhren wir los.

Die Fahrt war langweilig. Die ganze Zeit nur über die Autobahn.

»Können wir Radio hören?«, bettelte ich Papa an. Der seufzte. Denn beim Autofahren wollte er von nichts abgelenkt werden.

»Also gut«, willigte er schließlich dann doch ein. Als wir schon gute viereinhalb Stunden gefahren waren, kamen wir zu einem Rastplatz, an dem wir Pause machten. Mama kaufte mir eine Tüte Gummibärchen. Jetzt fuhren wir weiter und wir kamen viel schneller voran.

Nach sechs weiteren Stunden sah ich ein gelbes Ortsschild. Auf dem stand nichts anderes als „Große Kreisstadt Backnang".

»Wo genau wohnen eure Freunde denn jetzt?«, fragte ich, ließ mein Autofenster herunter und beugte mich nach draußen. Mama wies auf das Navigationsgerät.

»Wir müssten eigentlich gleich da sein. Da vorne ist die Hausnummer 12. Dort wohnt die Familie Rosig.«

»Wer ist das denn?«, wollte ich wissen.

»Na, Kerstin und Jonas Rosig.«

Dann kamen wir an. Mama und Papa stiegen gut gelaunt aus. Ich blieb auf der Rückbank sitzen und dachte, dass ich notfalls die ganzen Ferien im Auto verbringen würde.

Doch dann ging alles ganz schnell. Auf einmal standen ein Mädchen und ein Junge neben unserem Auto. Die beiden schienen ungefähr in meinem Alter zu sein. Der Junge öffnete die Autotür.

»Wer bist du denn?«, fragte er mich.

Ich sagte, dass ich Lina Starke hieße. Die Kinder stellten sich als Maximilian und Johanna Rosig vor. Tatsächlich, das mussten die Zwillinge in meinem Alter sein. Und schon schnallte ich mich ab, stieg aus und folgte den beiden zum Haus.

Es war ein ziemlich neues Haus mit einem großen Garten. Gleich führte mich Johanna in ihr Zimmer. Die Wände waren wunderschön türkis. An der Wand stand ein schwarzes Regal, das vollgestopft war mit Büchern und Spielen. Maximilians Zimmer war sommersonnengelb gestrichen. Jetzt setzten wir uns erst mal auf Johannas Teppich und fragten uns gegenseitig alles Mögliche. Die ersten Fragen waren ganz normal, z.B. „Wie ist deine Telefonnummer?" Aber irgendwann kamen auch peinliche

Dinge, wie „Hast du schon mal einen Jungen geküsst?"

Zum Glück kam dann Kerstin und verkündete, dass es jetzt Abendessen gebe. Es gab übrigens Brötchen, sehr lecker!

Als wir alle satt waren, spielten wir noch ein Spiel. Danach waren alle so hundemüde, dass wir nur noch ins Bett wollten. Ich schlief auf einer Matratze in Johannas Zimmer. Bevor ich einschlief, dachte ich, dass es hier doch gar nicht so schlimm war, wie ich es befürchtet hatte.

In den nächsten Tagen machten wir nicht viel: Wir spielten im Garten, aßen Eis und machten einen kurzen Spaziergang. Am Donnerstag nahmen wir an einer Stadtführung teil. Den Erwachsenen schien es sehr zu gefallen, aber für uns Kinder war es stinklangweilig. Hier noch eine kurze Zusammenfassung, was uns gezeigt wurde: das Rathaus, die Treppen am Ölberg, der Stadtturm als Überbleibsel der früheren Michaelskirche und die Stiftskirche. Am Samstag gingen wir für fast sechs Stunden auf den Waldspielplatz im Plattenwald. Und am Dienstag schlug Maxi einen Ausflug ins Freibad vor. Die Wasserrutsche war echt super.

Für die Nacht von Samstag auf Sonntag hatten wir etwas ganz Besonderes geplant: Schlafen im Zelt!

Die Rosigs besaßen ein Familienzelt, aber nur wir Kinder wollten es benutzen. Den ganzen Nachmittag bereiteten wir vor: die Spiele und das Essen.

Am Abend um 17:00 Uhr war dann alles fertig. Wir gingen ins Zelt und fingen mit dem ersten Spiel an. Wir spielten bis ungefähr 22:00 Uhr. Dann erzählten wir uns noch Witze. Irgendwann konnte ich mich gar nicht mehr halten vor Lachen. Aber bald schliefen wir dann doch alle ein.

Mitten in der Nacht wachte ich auf, weil ich ein lautes Jaulgeräusch hörte. Natürlich weckte ich gleich Johanna und Maxi.

»Da ist nichts!«, versicherten mir die beiden. Aber zur Sicherheit wollte ich nachschauen. Ganz langsam öffnete ich das Zelt und dabei hatte ich riesige Angst, was ich draußen sehen würde. Aber dann, als ich wirklich sah, was es war, musste ich lachen: nur eine Katze.

Beruhigt kroch ich wieder ins Zelt und schlief bald wieder ein.

Am Montag kauften wir Postkarten, die ich dann an meine Freunde schickte. Die schönste Karte behielt ich für mich: Es waren kleine Fotos der schönsten Sehenswürdigkeiten der Stadt drauf. Am Dienstagmittag gingen wir gemeinsam Eis essen. Ich nahm drei Kugeln. Johanna und Maxi machten es genauso.

Am Abend mussten wir unsre Sachen einpacken. Und am nächsten Morgen fuhren wir wieder nach Hause.

Auf der Fahrt schaute ich mir die Fotos an, die ich gemacht hatte, und als wir ankamen, schrieb ich gleich einen Brief an Familie Rosig.

Jetzt hoffe ich natürlich, dass wir sie in den nächsten Ferien wieder besuchen.

Tamara Weidner

Tamara Weidner ist 13 Jahre alt und kommt aus Backnang. Nach den Sommerferien wechselt sie in die 8. Klasse des Taus-Gymnasiums. Schon früh begann sie, viele Bücher zu lesen.

Außerdem liebt sie Cheerleading, Nähen, Zeichnen und ist Rettungsschwimmerin bei der DLRG Backnang.

Wir gratulieren ihr mit:
»Das Goldene Herz«
zum 2. Platz in der Kategorie unter 18 Jahren
und wünschen ihr weiterhin viel Erfolg.

Der Preis wurde mit freundlicher Unterstützung gesponsert:

SCHWARZMARKT

Das Goldene Herz

Es war einmal vor langer, langer Zeit, da lebte in Backnang ein großer Markgraf, der zwei Töchter hatte, die beide wunderschön, jedoch so unterschiedlich wie Tag und Nacht waren. Die ältere Tochter, Resa, hatte goldene Haare, die in sanften Wellen über ihre Schultern, bis hin zur schmalen Taille, herabflossen.

Die Jüngere, Esther, hatte rabenschwarzes Haar, so düster wie ihre Seele. Denn Esther war selbstsüchtig und hatte den grausamen Plan, ihrer Schwester den Thron zu stehlen. Doch Resa unterschied sich nicht nur äußerlich von ihrer Schwester. Im Gegensatz zu Esther war Resa selbstlos, hilfsbereit und liebenswert. So verschieden sie auch waren, beide lebten im Schloss neben der Stiftskirche in der Bilderbuchstadt Backnang. An jenem schicksalshaften Vormittag genossen die Prinzessinnen den Tag im gut gepflegten Schlossgarten, in dem es in allen Ecken nur so blühte und es wunderbar nach Rosen, Lilien und Flieder duftete. Während Esther in der Korbschaukel faulenzte und ihr Spiegelbild im Gartenteich beobachtete, tanzte Resa mit nackten Füßen durch das sattgrüne Gras, das vom Tau noch etwas feucht war und angenehm kitzelte. Mit ihrer glockenhellen Stimme sang sie gemeinsam mit einem Rotkehlchen ein fröhliches Duett. Die Sonne schien auf die hübschen Gesichter der Mädchen, die gleichzeitig durch einen lauen Sommerwind herrlich erfrischt wurden. Plötzlich verdunkelte sich der Himmel, der eben noch so angenehme Wind wurde eisig und fegte durch den paradiesischen Garten. Die Blumen knickten ab und die Hibiskuspflanze verlor ihre schönen Blüten. Resa bekam eine Gänsehaut und fing an zu frösteln. Der besorgte Graf stürmte aus dem Schloss und nahm seine zitternden Töchter in seine starken, ritterlichen Arme. Auf einmal schoss ein riesiger Drache im Sturzflug herab. Er hatte feuerrote Augen, große Schwingen und der ganze Körper war übersät von kleinen dunkelgrünen und giftigen Schuppen, zwischen denen mörderisch scharfe Klingen hervorlugten. Dieses Monstrum hätte einen kompletten Wagen mit Kutscher auf einen Happs verschlingen können! Als ob das nicht schon fürchterlich genug wäre, züngelten nun auch noch pechschwarze Todesflammen aus dem riesigen Drachenmaul. Als der Drache landete, gab es einen großen Aufprall, der einem Erdbeben glich. Das Ungetüm richtete sich zu seiner vollen Größe auf und überbrachte eine fürchterliche Nachricht.

»Wenn ihr mir nicht bis zum Morgengrauen eine der Prinzessinnen opfert, dann zerstöre ich ganz Backnang und die umliegenden Dörfer mit dazu.« Nun erhob er sich in die Lüfte und entschwand in den blutroten Sonnenuntergang.

Als sie sich von dem ersten Schock erholt hatten, schickte der König seine Töchter in ihr Schlafgemach, um eine Krisensitzung einzuberufen. Doch die „Großen Ritter der Tafelrunde" waren in Wirklichkeit feige Blechdosen. »Wir kämpfen nicht gegen den Drachen, wir sind doch nicht lebensmüde!« und »Dieses Monster ist unbesiegbar!«, waren ihre Antworten.

Währenddessen waren beide Mädchen auf der großen Treppe in ihre Gedanken versunken. Ha! Das ist meine Chance, dachte Esther bei sich, wenn Resa sich opfert, gehört der Thron mir! Esther musste Resa nicht einmal überreden, die Heldin zu spielen, wie sie es nannte. Denn Resa hatte sich längst ihre Sandalen angezogen und nur noch eines im Kopf: Was bin ICH schon wert, wenn ich mit meinem Leben eine ganze Stadt retten kann?

Und so machte sie sich auf den Weg zur Drachenhöhle, dem gefährlichsten Ort in ganz Backnang, mitten im Plattenwald.

Die Drachenhöhle ragte schwarz auf einer Lichtung empor, doch keine Rauchschwaden hingen darüber. Das konnte nur eines bedeuten: Der Drache war noch unterwegs. Schüchtern trat Resa durch den großen Eingang, in dem es nach alten Knochen und verbranntem Fleisch stank. Resa stieg vorsichtig über einen großen Haufen abgenagter Knochen von verschiedenen Waldtieren. In der Mitte der Höhle baumelte ein Netz, in dem ein Reh sie angstvoll mit seinen kastanienbraunen Augen ansah. Oder war da noch ein Fünkchen Hoffnung zu sehen? Sie wusste es nicht. Auf einmal fing das Reh an zu sprechen. Es hatte eine samtweiche, aber traurig klingende Stimme.

»Hilf mir! Dann kann ich dir sagen, wie du den Drachen besiegen und das ganze Land retten kannst! Bitte hilf mir!« Resa zögerte keinen Augenblick, löste das Netz und ließ das Reh in den Wald laufen. Kurz bevor es vollends zwischen den Bäumen verschwand, löste es sein Versprechen ein. »Wenn du in den größten Raum der ganzen Höhle gelangst, wirst du das Goldene Herz finden, in dem das Leben des Drachen gefangen ist. Zerstörst du es, fällt er tot um. Zögerst du jedoch, wird er dich mit Haut und Haaren verschlingen. Viel Glück!«

Nun sah sich Resa suchend in der Höhle um, bis sie einen kleinen versteckten Gang entdeckte, aus dem sie ein seltsames Geräusch hörte. Es klang wie das Atmen eines verletzten Tieres. Sie schlich vorsichtig und langsam den Gang entlang. Je weiter sie voranschritt, umso deutlicher wurde ein goldenes Leuchten. Schließlich erreichte sie eine große Tropfsteinhöhle. Das Licht, das durch eine kleine Öffnung an der Höhlendecke einfiel, brach sich in den kristallenen Tropfsteinen und brachte diese zum Funkeln. Die Atemgeräusche wurden immer lauter. Resas Blick schweifte durch die Höhle, bis ihre Augen das Goldene Herz auf einem kristallenen Sockel in der Mitte des Raumes sahen. Das Mädchen schluckte einen Kloß herunter, nahm seinen ganzen Mut zusammen und ging schnellen Schrittes auf das Herz zu. Sie nahm es fest in beide Hände. Es fühlte sich kalt an und pochte lebendig unter ihren Fingern. Von draußen ertönte ein wütender Schrei. Schuppige Krallen kratzten über den Höhlenboden – immer schneller, immer näher.

Resa blieb vor Angst fast das Herz stehen, sie konnte sich nicht mehr rühren. Langsam glitt ihr das Drachenherz aus den Händen und zerschellte in tausend goldene Splitter.

Der Schrei erstarb und der Drache fiel in sich zusammen. Auf einmal zuckte ein heller Blitz durch den Raum, so hell, dass Resa sich die Hände vor die Augen halten musste. Als sie die Augen wieder öffnete, lag auf dem Boden nicht die Leiche eines Ungetüms, sondern ein wunderschöner Prinz stand vor ihr.

»Danke, dass du mich von diesem Fluch erlöst hast. Du hast mich vor mir selbst gerettet, denn ich war ein kaltherziger, egoistischer Prinz, der seinem Volk großes Leid zugefügt hat. Deshalb wurde ich dazu verdammt, ein grausames Ungeheuer zu sein. Nur durch eine selbstlose Tat wie deine konnte ich erlöst werden«, sagte der Jüngling und sah das Mädchen freundlich an. Überglücklich kehrten sie in Resas Elternhaus zurück und ein großes Fest wurde gefeiert. Prinz Heinrich, der Verwandelte, nahm Esther beiseite. »Ich wurde wegen meiner Selbstsüchtigkeit in ein schreckliches Ungetüm verwandelt. Du musst aufpassen, denn du bist so, wie ich es war.« Er gab ihr zur Erinnerung und Warnung zugleich einen goldenen Splitter des zersprungenen Drachenherzens. Von diesem Zeitpunkt an war Esther wie ausgewechselt. Sie half Kranken und spendete den Armen. Der Prinz wurde wie ein eigener Sohn vom Markgrafen aufgenommen und Resa – Backnangs größte Heldin – erkannte, dass es nicht Muskeln oder Superkräfte, sondern Hilfsbereitschaft und Köpfchen braucht, um eine Stadt zu retten.

Lara Wingenfeld

Lara Wingenfeld wurde 2002 in Backnang geboren und besucht derzeit das Gymnasium in der Taus.
Sie hat bereits an Schreibwettbewerben der Buchhandlung Osiander teilgenommen. Doch erst mit der Teilnahme an den »Backnang Stories 2014« schaffte sie es zu einer Veröffentlichung und einer Platzierung.
In ihrer Freizeit, in der sie gerne liest, spielt sie Gitarre; Fußball und Handball im Verein.

Lara Wingenfeld konnte gleich mit ihren beiden Geschichten die Jury überzeugen:
>»Gefahr im Wald«
>»Sportliche Diebe«

Wir gratulieren ihr mit:
»Gefahr im Wald«
zum 3. Platz in der Kategorie unter 18 Jahren
und wünschen ihr weiterhin viel Erfolg.

Der Preis wurde mit freundlicher Unterstützung gesponsert:

**MURRBÄDER
BACKNANG**

WONNEMAR
Lass die Wonne rein!

Gefahr im Wald

Eines schönen Herbsttages ging Silvanus im Plattenwald spazieren. Er fühlte sich mit dem Wald verbunden, denn sein Name kommt aus dem Lateinischen und bedeutet so viel wie der „Waldbewohner" oder der „Waldmensch". Außerdem konnte er mit den Tieren sprechen und darauf war er sehr stolz.

Plötzlich huschte ein kleines Eichhörnchen des Weges entlang.

»Na, was machst du denn hier?«, fragte Silvanus.

»Ich sammle Ästchen für meinen Kobel, er muss rechtzeitig bis zum Winter fertig werden«, antwortete das Eichhörnchen. Und schon war es im dicken Geäst verschwunden.

Kurz darauf sah Silvanus zwei verdächtig wirkende Männer, die einen Bollerwagen hinter sich herzogen.

Sofort prägte er sich eine Täterbeschreibung ein. Er hatte in seinem Leben eindeutig zu viele „Drei Fragezeichen"-CDs gehört.

Erster Mann: 1,80 Meter groß; Halbglatze; dick; Schnauzbart; blaues T-Shirt, das dreckig und kaputt ist.

Zweiter Mann: 1,90 Meter groß; magersüchtig, Kurzhaarfrisur; brauner Kittel.

Okay, magersüchtig ist jetzt vielleicht etwas dick aufgetragen, aber ein Klappergestell ist er schon, dachte er. *Fühlen sich Männer um die 50 Jahre wirklich noch so jung, dass sie mit einem Bollerwagen herumlaufen? Und was karren die hier eigentlich durch den Wald?*

Über das Wägelchen war eine grüne Abdeckplane gelegt worden. Die Männer waren bis zum hinteren Teil des Plattenwaldspielplatzes zu hören gewesen, doch jetzt schlichen sie ganz langsam und leise den Forstweg entlang. Dort ging es an einem schmalen Pfad vorbei und hier stand ein verwittertes, gelbes Schild: MÜLL ABLADEN VERBOTEN!

Langsam folgte Silvanus den Männern. Diese benahmen sich sehr merkwürdig. *Was würden sie wohl als Nächstes unternehmen? Einfach nur ein Picknick? Nein, wohl kaum. Warum würden sie sonst so herumschleichen?*

Die Männer gruben ein tiefes Loch mit zwei Klappspaten, die sie unter dem Wagen hervorholten.

Plötzlich bekam Silvanus Angst. *Was ist, wenn es Kriminelle sind?*

»Ganz ruhig!«, versuchte er sich leise flüsternd zu beruhigen. Aber es gelang ihm nicht. Ihm wurde schlecht. Hinter dem Brennnesselstrauch, wo er sich versteckt hielt, brach ihm langsam der Schweiß aus.

Was würden die Männer anstellen? Er sah, wie sie die Folie vom Bollerwagen nahmen und weiße Kanister hervorholten. *Was bloß darin sein mag?*

Langsam schob Silvanus seinen Kopf noch weiter hinter dem Brennnesselbusch hervor. Der Dicke drehte den Deckel des Kanisters auf, lachte hämisch und kippte den Inhalt in das gegrabene Loch.

Silvanus traute seinen Augen nicht: Der Lulatsch und der Dicke kippten aus dem Kanister alte Farbreste, dazu warfen sie noch Batterien und einen Chemiebaukasten in das Loch.

Solche Umweltsünder! Obwohl dort das Schild stand, kippten sie einfach Müll in die Erde.

Nun sah Silvanus eine Ameise neben sich herumkrabbeln. Sie hatte einen schwarzen Punkt auf dem Rücken. Als sie das Loch sah, stöhnte sie.

»Oh Mann, oh Mann, oh Mann! Da hab ich aber viel zum Aufräumen. Das ist zu viel für mich. Immer dieser Müll. Beim Gedanken daran kriege ich ein Burn-out!«, sagte sie und fiel in Ohnmacht.

Silvanus spürte die Wut in seinem Bauch. Am liebsten würde er ihnen die Meinung sagen, aber er hatte zu viel

Angst. Was ist, wenn die beiden eine Waffe haben? Aber er musste etwas tun – dem Wald zuliebe.

Zunächst machte er ein Foto mit seinem Handy, dann fasste er seinen ganzen Mut zusammen und schritt hinter den Brennnesseln hervor. Die Männer erstarrten, als sie ihren heimlichen Beobachter sahen.

»Was willst du hier?«, stotterte die Bohnenstange.

»Ich habe genau gesehen, was ihr getan habt«, sprach Silvanus mit fester Stimme und versuchte, nicht ängstlich zu wirken.

»Von dir kleinem Pimpf lassen wir uns nicht einschüchtern«, sprach der Dicke.

»Na gut, dann rufe ich eben die Polizei. Ich habe ein Beweisfoto«, sagte Silvanus.

»Nein! Bitte, keine Polizei! Wir machen alles, was du sagst«, meinte die Bohnenstange und ließ die Schultern hängen.

»So ist gut. Und nun hätte ich gerne gewusst, warum ihr das getan habt? Denkt doch mal an die armen Tiere und Pflanzen hier im Wald. In den Farbresten, in den Batterien und in dem Chemiebaukasten sind jede Menge Chemikalien, die der Umwelt schaden. Was habt ihr euch dabei gedacht?«

»Nichts haben wir uns dabei gedacht. Wir sind nicht besonders reich und besitzen kein Auto. Und da wir nicht bis zur Steinbacher Müllhalde laufen wollten, haben wir es in die Benzinkanister gepackt. Es war dumm von uns, bitte entschuldige«, sprach der Dicke.

»Ich heiße übrigens Walter. Und das ist mein Freund Heinz«, sagte die Bohnenstange.

»Gut, ich bin Silvanus. Damit ich euch nicht bei der Polizei anzeige, müsst ihr mir aber entgegenkommen.«

»Sag, was wir tun sollen, wir machen alles, um nicht auf der Polizeiwache zu landen«, meinte Heinz.

»Wir treffen uns morgen um zehn Uhr auf dem Plattenwaldspielplatz, dann erkläre ich euch, was ihr machen müsst. Und euren Müll von heute, den ihr in die Grube gekippt habt, müsst ihr jetzt noch nach Steinbach bringen. Diese Anstrengung sollte euch die Natur wert sein, sonst gehe ich doch zur Polizei. Also, bis morgen«, mahnte er Walter und Heinz.

»Adieu!«, antworteten die beiden im Chor.

Am nächsten Morgen lief Silvanus den Häfnersweg entlang und hinein in den Plattenwald. Er hatte zwei merkwürdige Dinge im Arm.

Als er auf dem Spielplatz angekommen war, standen dort schon Walter und Heinz.

»Was sind das für zwei Stäbe, die du im Arm hast?«, fragte Walter sofort.

»Das sind Plastikstäbe, bei denen man per Knopfdruck einen Greifarm ausfahren kann, und dann greift der Arm nach Müll oder Gegenständen. Ihr müsst damit den Müll vom Boden aufsammeln und ihn in die zwei Müllsäcke werfen. Wenn ihr das ein halbes Jahr lang macht, hilft das der Natur und ich verpfeife euch nicht bei der Polizei. Alles klar?«

»Alles klar!«, antworteten die beiden.

»Ach ja, wenn ich euch nicht jeden zweiten oder dritten Tag hier sehe, gleich bei welchem Wetter ... na, ihr wisst ja!«, drohte er ihnen.

»Vielen Dank! Nicht alle hätten es bei dieser Strafe belassen. Bis bald!«, antwortete Heinz.

Als Silvanus zwei Tage später wieder seinen Spaziergang machte, sah er die beiden fleißig schuften. Er winkte ihnen zu und sie winkten zurück. Also war alles wieder in Butter und der Wald würde bald schon blitzeblank sein.

Nun sah Silvanus wieder die Ameise mit dem schwarzen Punkt.

»Jetzt ist an der Stelle kein Loch und kein Abfall mehr!«,

sagte sie fröhlich. Sie hängte sich ein Schild um den Hals, auf dem stand: „Wenn sie eine Aushilfe suchen. Ich bin arbeitslos."

Silvanus grinste. »Und dort? Da liegt ein Zweig mitten im Weg.«

»Och nö!«, stöhnte sie und hängte sich ein neues Schild um: „Wichtig: Liebes Reisebüro, hilf mir! Ich bin urlaubsreif!"

Sportliche Diebe

Dies ist das Tagebuch von Anja

07.06.2015

Liebes Tagebuch, ich heiße Anja Kleinert und bin zwölf Jahre alt. Zusammen mit meinen besten Freundinnen Sophie und Julie spiele ich im Handballclub Oppenweiler/Backnang Handball. Morgen werde ich mit ihnen wieder in die Schule gehen, denn leider sind die Pfingstferien zu Ende. Leider! Ich mag keine Schule. Immer so viele Hausaufgaben, Lehrer, die immer schlecht gelaunt sind, und die stinkigen Toiletten. Ein kleiner Trost ist es, zu wissen, dass ich nachmittags Handballtraining habe und dass meine Freundinnen genauso über die Schule denken wie ich. Beim Handball ist alles anders als in der langweiligen Schule. Man kann sich bewegen, alle haben Spaß und selbst die Trainer sind gut gelaunt.

13.06.2015

Nach der ersten Schulwoche, die ich zum Glück irgendwie überstanden habe, hatte ich heute endlich das erste wichtige Qualifikationsspiel nach den Ferien. Es war äußerst spannend, aber kurz vor Schluss stand es leider noch 19:19.

Wir hatten so viele Torchancen, die ungenutzt blieben.

Die Anspannung auf der Tribüne war deutlich zu spüren.

Meine Finger zitterten.

Julie zog Richtung Tor und es gab 7-Meter. Unsere Trainerin schrie meinen Namen, um mich anzufeuern. Ich schritt zum Punkt. Wenn ich jetzt treffen würde, wäre das Spiel gewonnen.

Mein Herz raste und mein Puls erhöhte sich.

Ich schoss. »Tor!« Die Zuschauer jubelten. Nachher in der Kabine gratulierten mir alle. Dann zogen wir uns um.

Plötzlich fing Sophie an zu kreischen. »Mein Geldbeutel ist weg!«

Da fiel uns allen auf, dass bei einigen von uns etwas gestohlen worden war. Mein Handy, Sophies Geldbeutel, Julies Armband und das neue iPhone meiner Trainerin waren weg. Uns war bekannt, dass in der Katharinenplaisir schon oft etwas geklaut worden war, und deswegen hatten wir auch unsere Kabine abgeschlossen. Da fiel mir siedend heiß ein, dass wir vergessen hatten, die Duschtür zu schließen. Das hieß, dass jemand durch die andere, offene Kabine durch die Dusche zu uns gelangen konnte. Kurz darauf gingen wir ziemlich geknickt nach Hause.

14.06.2015
Heute hatte ich mich mit Sophie und Julie verabredet.

Wir wollten den Dieb finden. Wir hatten auch schon eine Vermutung, wer der Dieb gewesen sein könnte. Ein Junge aus unserer Klasse – Jonas, ein Mega-Angeber – hatte in einem Handballmatch gegen uns verloren und das hatte ihm gar nicht gepasst. Vielleicht wollte er es uns so heimzahlen.

Aber Sophie warf ein, dass auch schon bei anderen Sportlern etwas gestohlen worden war.

»Ganz schön clever. Das hätte ich ihm nicht zugetraut. Das macht er sicher, um von sich abzulenken«, meinte Julie.

Gestern hatten wir bei der Polizei angerufen, um den Diebstahl zu melden. Der Polizeibeamte, mit dem ich gesprochen hatte, meinte nur, einen solchen Diebstahl aufzuklären, vor allem ohne Indizien, sei so gut wie unmöglich.

So saßen wir also auf meinem Bett und berieten uns, was wir tun konnten. Nach zwei Stunden stand unser Plan fest.

20.06.2015
Heute soll unser gemeinsamer Plan durchgezogen werden. Liebes Tagebuch, weißt du eigentlich, wie aufgeregt ich bin?

Ich kann leider nicht zu viel schreiben, denn die Zeit drängt, deswegen nur das hier:
Ich werde nachher gemeinsam mit Sophie und Julie zum Handballspiel in die Karl-Euerle-Halle gehen.

Liebes Tagebuch, jetzt möchte ich ausführlicher berichten.
Gerade haben wir das Spiel 27:22 gewonnen.

Wir haben unsere Freundin und Mitspielerin Jenny – die sich aber momentan das Schlüsselbein gebrochen hat und nicht mitspielen kann – hinter einer Duschtrennwand versteckt. So konnte sie mit ihrem Handy durch die Schlitze alles aufzeichnen und nachher uns das Gefilmte auf dem Handy zeigen. Ich würde mich das nicht trauen, so dicht an dem Eindringling zu sitzen.

Nach dem Spiel rannten Sophie, Julie und ich also direkt zu Jenny nach Hause. Sie empfing uns mit einem Gesicht, als würde sie gleich platzen.

Sie führte uns in ihr Zimmer und startete den Film auf ihrem Handy. Dann starrten wir auf das Display. Die ersten zehn Minuten passierte erst mal nichts. Nach fünfzehn Minuten allerdings schob sich die Tür auf und ein Kopf mit schwarzer Kapuze wurde durch die Duschtür gestreckt. Diese hatten wir extra offen stehen gelassen. Langsam ging der Eindringling in die Mitte der Kabine. Kurz darauf schritt er auf unsere Taschen zu. Es war, als würde man einen Krimi im Fernsehen schauen. Sophie stand der Mund offen. Julie riss die Augen auf. Meine Herzfrequenz erhöhte sich. Was würde wohl als Nächstes passieren? Mir war plötzlich ganz unwohl. Der Dieb wühlte in einem Rucksack. Wir konnten es nicht glauben. Hatte er gerade wirklich einen Geldbeutel genommen? Plötzlich drehte sich der Übeltäter ruckartig um. Mir wurde heiß, kalt und schlecht. Hatte er mir in die Augen geschaut? Hatte er mich gesehen? Da fiel mir auf, dass das ja gar nicht gehen konnte. Da war das Handy dazwischen. Ich grinste über mich selbst. Wie mochte es

dann vorher Jenny ergangen sein?
Jetzt konnte man das Gesicht der Person sehen. Mir stockte der Atem. Das war ja gar nicht Jonas! Aber wer dann? Jetzt brach das Video so plötzlich ab, dass ich mich erschrak. An dieser Stelle hatte Jenny mit dem Filmen aufgehört. Wir waren erst mal eine ganze Weile still. Dann klatschten wir uns ab. Das hatte ja mal „subber" geklappt, wie mein Vater immer sagt. Aber wir hatten auch ein schlechtes Gewissen, da wir Jonas zu Unrecht verdächtigt hatten.
Wir kannten den tatsächlichen Täter zwar nicht, aber vielleicht war er polizeibekannt. Wir hatten das Verbrechen ohne unsere Eltern oder sonstige Unterstützung zum größten Teil aufgeklärt. Die Polizei würde staunen, da war ich mir sicher. Der Dieb wird überrascht sein, denn er hatte einen leeren Geldbeutel und ein altes Handy erbeutet. Die zwei Sachen hatten wir vorher extra dorthin gelegt.

22.06.2014
Das war heute ein tolles Erlebnis. Meine Vermutung hat sich bewahrheitet und die Polizeibeamten haben ganz schön gestaunt, als meine Mutter ihnen den Film auf dem Handy von Jenny gezeigt hat. Sie sagten, sie würden nun Körperstatur, Aussehen und andere verdächtige Merkmale mit ihrer Datenbank abgleichen und sich wieder melden. Sie würden uns dann auch sagen, wann wir Jennys Handy wieder abholen können. Dann hat meine Mutter ihnen unsere Adresse gegeben.

25.06.2015
Heute war der Postbote da. Ich durfte einen besonders schönen, weiß verzierten Briefumschlag öffnen. Darin stand:
Liebe Familie Kleinert,
wir – die städtische Polizei – haben wie versprochen in unserer Datenbank nachgesehen und festgestellt, dass uns der Dieb in den Sporthallen bekannt ist. Wir dürfen aus

rechtlichen Gründen leider keinen Namen nennen, aber derjenige hat vor zwei Jahren schon eine Tasche mit persönlichen Sachen gestohlen.

Durch diese Umstände konnten wir ihn sofort finden.
Vielen Dank für die tatkräftige Unterstützung.
Polizeichef Konrad Wünschel, städtische Polizei Backnang

26.06.2015
In der Schule hatte ich heute ein mulmiges Gefühl wegen Jonas. Aber als ich ihn vor dem Klassenzimmer getroffen habe, hat er wieder so schleimig gegrinst. Er kann es einfach nicht lassen!

Danach habe ich den Brief meinen Freundinnen gezeigt. Wir vier waren begeistert. Unsere Lehrer wunderten sich, dass wir vor uns hin grinsten. So kannten sie uns gar nicht.

Dadurch, dass wir fröhlich waren, machte Schule plötzlich sogar Spaß!

Auch beim Leseratten Verlag erschienen:

Die Tybay-Saga von Tanja Kummer

Die große Highfantasy Trilogie von Tanja Kummer rund um die mittelalterliche Welt Tybay und dem Kampf gegen das böse *Etwas*. Grace wird wider Willen zu Auserwählten, zur Trägerin des magischen Sonnenamuletts. Im Laufe des Machtspiels in den verschiedenen Welten und Ländern wird ihre Familie immer wieder auseinandergerissen und auf die Probe gestellt.

Teil 1: »Die Weltenwandlerin«	12,90 EUR
Teil 2: »Der Weltenbezwinger«	13,90 EUR
Teil 3: »Der Weltenwandler«	13,90 EUR

Alle Teile sind in der Buchhandlung Kreutzmann in Backnang vorrätig. Dort erhalten sie auch eine kostenlose Leseprobe.
Alle Teile sind auch als eBook für jeweils 8,49 EUR überall im Handel erhältlich.

Infos auch unter: www.tanjakummer.de

Auch beim Leseratten Verlag erschienen:

Jakob Wolff – Hexenmeister
Die neue Mystery-Serie als eBook-Reihe

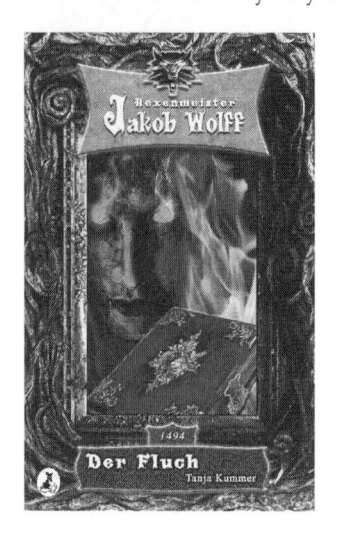

Er ist ein Meister der Hexerei. Doch ein Fluch, der ihn unsterblich macht, verlangt ein jährlich wiederkehrendes, tödliches Ritual. Die Suche nach einem Gegenzauber lässt ihn rastlos reisen – durch die Welt und die Jahrhunderte. Jahr für Jahr, immer auf der Suche nach Rettung oder dem nächsten Opfer.

Lesen Sie die einführenden Romane »Der Fluch« und »Die Täuschung« als eBook für je nur 3,99 Euro.

Verpassen Sie nicht den Start in die neue, deutsche Mystery-Serie. Alle weiteren Informationen finden Sie unter:

www.leserattenverlag.de

Auch beim Leseratten Verlag erschienen:

Jakob Wolff – Hexenmeister
Die neue Mystery-Serie als eBook-Reihe

Der Fluch ist ausgesprochen. Oder ist die Unsterblichkeit gar doch ein Segen? Ist der Preis, einen anderen Menschen dafür opfern zu müssen, nicht zu hoch? Welchen dauerhaften Schaden richtet so ein Leben an der Seele eines Menschen an? Nach einem Jahr? Nach zehn? Hundert?
Seien Sie mit dabei, wenn Jakob Wolff die ganze Welt bereist, auf der Suche nach einem Gegenzauber und dabei durchaus in tödliche Gefahren gerät.
Lesen Sie die neusten Romane »Rupes Picarum« und »Chastels Geheimnis« als eBook für je nur 3,99 Euro.

Alle weiteren Informationen finden Sie unter:

www.leserattenverlag.de

Nachtrag in eigener Sache:

Wenn es etwas wirklich Lästiges an all den neuen Rechtschreibreformen in Deutschland gibt, dann sind es die »Kann, aber muss nicht« Regeln bei der Kommasatzung. Nicht einmal die Experten vom DUDEN wollen sich hier festlegen und eiern mit schwammigen Vorschlägen herum, anstatt definitiv eindeutige Regeln zu erschaffen.

Wichtig ist uns vom Verlag, dass der Text verständlich und lesbar ist. Sollte Ihnen als Leserin oder Leser aber doch in unseren Texten ein Komma fehlen, dann bedienen Sie sich an dieser Serviceseite. Einfach hier ein Komma ausschneiden und vorne in den Text an der entsprechenden Stelle einkleben. :-)

,	,	,	,	,	,	,	,
,	,	,	,	,	,	,	,
,	,	,	,	,	,	,	,
,	,	,	,	,	,	,	,
,	,	,	,	,	,	,	,
,	,	,	,	,	,	,	,
,	,	,	,	,	,	,	,
,	,	,	,	,	,	,	,
,	,	,	,	,	,	,	,
,	,	,	,	,	,	,	,
,	,	,	,	,	,	,	,
,	,	,	,	,	,	,	,
,	,	,	,	,	,	,	,
,	,	,	,	,	,	,	,
,	,	,	,	,	,	,	,
,	,	,	,	,	,	,	,
,	,	,	,	,	,	,	,